科学哲学两相融

杰出科学思想家

云霞 李斌 编

中原出版传媒集团
中原传媒股份公司

大象出版社
·郑州·

图书在版编目(CIP)数据

科学哲学两相融：杰出科学思想家 / 云霞，李斌编. — 郑州：大象出版社，2022. 7
(中外科学家传记丛书 / 王大明，刘兵，李斌主编)
ISBN 978-7-5711-1478-7

Ⅰ. ①科… Ⅱ. ①云… ②李… Ⅲ. ①科学哲学-思想家-列传-世界 Ⅳ. ①B1

中国版本图书馆 CIP 数据核字(2022)第 097120 号

中外科学家传记丛书

科学哲学两相融 杰出科学思想家

KEXUE ZHEXUE LIANG XIANGRONG JIECHU KEXUE SIXIANGJIA

云 霞 李 斌 编

出 版 人 汪林中
项目策划 李光洁
项目统筹 成 艳 陶 慧
责任编辑 杨天敬 易东升
责任校对 安德华
装帧设计 王莉娟

出版发行 大象出版社(郑州市郑东新区祥盛街 27 号 邮政编码 450016)
发行科 0371-63863551 总编室 0371-65597936
网 址 www.daxiang.cn
印 刷 河南瑞之光印刷股份有限公司
经 销 各地新华书店经销
开 本 890 mm×1240 mm 1/32
印 张 7.5
字 数 154 千字
版 次 2022 年 7 月第 1 版 2022 年 7 月第 1 次印刷
定 价 26.00 元

印厂地址 武陟县产业集聚区东区(詹店镇)泰安路与昌平路交叉口
邮政编码 454950 电话 0371-63956290

总 序

马克思和恩格斯合写于19世纪40年代的《共产党宣言》中，曾有这样一段生动的描述：“自然力的征服，机器的采用，化学在工业和农业中的应用，轮船的行驶，铁路的通行，电报的使用，整个整个大陆的开垦，河川的通航，仿佛用法术从地下呼唤出来的大量人口——过去哪一个世纪料想到在社会劳动里蕴藏有这样的生产力呢？”马克思和恩格斯说的那一切，还不过是19世纪的景况。到了21世纪的今天，随着核能、电子、生物、信息、人工智能等各种前人闻所未闻的科学技术的飞速发展，人类社会面貌进一步发生了翻天覆地的甚至马克思那个年代都无法想象的巨变。造成所有这一切改变的最根本原因，毫无疑问，就是科学技术。而几百年来，推动科学技术发展的直接力量，就是一大批科学家和技术专家。

中国是这几百年来世界科学技术革命和现代化的后知后觉者，从16世纪末期最初接触近代自然科学又浅尝辄止，到19世纪中期晚清时代坚船利炮威胁下的西学东渐，再到20世纪初期对“德先生”和“赛先生”的热切呼唤，经过几百年的尝试，特别是近几十年的努力，已逐渐赶上世界发展的潮流，甚至最近还有后来者居上的势头。例如，中国目前不但在经济总量上居于世界第二的地位，而且在科学研究的多个前沿领域也已经名列国际前茅；有些方面，比如科学论文的数量，仅次于美国而居世界第二；最可贵的是，中国已经形成了一支人数众多、质量上乘的科研队伍。

利用科学技术来推动社会经济的发展，中国已经尝到了巨大甜头，科学技术是第一生产力的观点深入人心。从政府到民间，大家普遍关心如何进一步落实科教兴国战略、推动创新促进发展，使中国在科技创新方面更具竞争优势，培养和造就出更多的科技创新人才，使中国在现代化道路上能走得更长远、更健康。

为实现上述目标，一方面需要提高专业科学研究队伍的水平，发扬理性思考、刻苦钻研、求真求实、勇于创新的科学精神；另一方面也需要增强和培育整个社会的公众科学素养，造就学科学、爱科学，支持创新、尊重人才的文化氛围。这套“中外科学家传记丛书”的编辑和出版，就是出于这样的考虑。

通过阅读和学习科学家传记，一是可以更深刻地理解科学家们特别是那些在重大历史转折关头做出了伟大贡献的科学家的科学思想和创新方法，二是可以更鲜活地了解到科学家们的科学精神和品格作风，三是可以从科学家们的各种成长经历中得到启发。

本丛书所收录的200多位中外著名科学家（个别其他学者）的传记，全部都来自中国科学院1979年创刊的《自然辩证法通讯》杂志。该杂志从创刊伊始就设立了一个科学家人物评传的固定栏目，迄今已逾四十年，先后刊登了200多篇古今中外科学家的传记，其中包括文艺复兴时期的欧洲科学家、远渡重洋将最初的西方近代科学知识带到中国的欧洲传教士，当然大部分都是现代科学家，例如数学领域的希尔伯特、哈代、陈省身、吴文俊等，物理学领域的玻尔、普朗克、薛定谔、海森伯、钱三强、束星北、王淦昌等，以及天文学、地学、生物学、计算机科学和若干工程领域的科学家。值得指出的是，这些传记文章的作者，大都是在相关领域学有专长的专家学者。例如：写过多篇数学家传记的胡作玄先生，是中国科学院原系统科学研究所的研究员；写过多篇物理学家传记的戈革先生，是中国石油大学的物理学教授；此外还有北京大学、清华大学、上海交通大学、中国科技大学等多所国内著名大学的教授，以及中国科学院、中国医学科学院和中国科技协会等研究机构的专家。所以，这些传记文章从专业和普及两个角度看，其数量之多、涉及领域之广、内容质量之上乘、可读性之强，在国内的中外科学家群体传记中都可以说是无出其右者。

考虑到读者对象的广泛性，本丛书对原刊物传记文章进行了重新整理编辑，主要集中在如下几个方面：一是在总体设计上，丛书共分 30 册，每册收录 8 个人物传记；二是基本按照学科领域来划分各个分册；三是每分册中的人物大致参考历史顺序或学术地位来编排；四是为照顾阅读的连续性，将原刊物文章中的所有参考资料一律转移到每分册的最后，并增加人名对照表。

当前，中国正处在从制造大国向创造大国转变、急需更多科技创新和科技人才的重要历史时刻，希望本丛书的出版对于实现这个伟大目标有所裨益，也希望对广大青少年和其他读者的学习生活有所帮助。

目　录

昂利·彭加勒

杰出的科学开拓者和敏锐的思想家

朱尔·昂利·彭加勒

（Jules Henri Poincaré，1854—1912）

朱尔·昂利·彭加勒是法国著名的数学家、天文学家、物理学家和科学哲学家，他以其出众的才华、渊博的学识、广泛的研究和杰出的贡献而遐迩闻名，赢得了同代人和后辈人的赞誉。英国数学家西勒维斯特在1885年谈到他对彭加勒的印象时说：“当我最近访问彭加勒时，……在他的不可遏止的非凡智力面前，我的舌头一开始就不听使唤了，直到过了些时间（可能是两三分钟），当我全神贯注地注视着他那充满青春活力的仪容时，我才找到了说话的机会。”法国政治家、哲学家、航空学家和数学家保罗·潘勒韦称彭加勒是“理性科学的活跃智囊”。美国著名科学史家、《爱西斯》杂志创办人萨顿在1910年的日记中表明，他试图在大学找到职位之前，有意“成为昂利·彭加勒的学生，因为他是我们这个时代最有智慧的人物”。进化论创立者达尔文的儿子、英国数学家和天文学家乔治·达尔文爵士在提到彭加勒对他的影响时说：

> 他必须是被看作是起统帅作用的天才人物；或者也许可以说，他是我的守护神！

一、显赫的彭加勒家族

1854 年 4 月 29 日，昂利·彭加勒出生在法国南希。他的祖父曾在拿破仑军队中供职，隶属于圣康坦部队医院。1817 年，祖父在鲁昂定居，并结婚成家，后有两个儿子。大儿子莱昂·彭加勒生于 1828 年，是一位第一流的生理学家兼医生，南希医科大学教授。二儿子安托万·彭加勒，曾升迁为国家道路桥梁部的检查官。

莱昂的妻子是一个善良、机敏、聪明的女性，她生有一子一女，儿子就是后来成为伟大科学家的昂利·彭加勒。安托万有两个儿子：一个是雷蒙·彭加勒，他曾于 1911 年、1922 年和 1928 年几度组阁，出任总理兼外交部长，1913 年 1 月至 1920 年初，荣任法兰西第三共和国第九任总统；另一个儿子吕西安·彭加勒是中等教育局局长，并在大学担任高级行政职务。昂利就是这个显赫的彭加勒家族中的成员。

据说，昂利不喜欢 Poincaré 这个姓。因为在法语中，Point 是“点”的意思，而 Carré 是意为“正方形”或“平方”的名词、形容词。在这位著名的数学家看来，Poincaré 意味着“点的平方”，这显然是毫无意义的。可是，有人认为，Caré 是 quarré 的后缀，法国古诗中有“挥起正方形的拳头（poing quarré）……”这样的句子，Poincaré 这个姓也许由此而来。

二、走上生活之路

看到彭加勒家族成员的显赫名单，人们也许会想，昂利·彭加勒可能会显示出某些行政管理才能。可是出乎预料的是，他除在童年时代和妹妹以及其他小朋友做政治游戏时当过高官外，从未表现出这方面的才能。在这些政治游戏中，他总是秉公办事、合理待人，他的每一个伙伴都能从他的“衙门”获取应得的报偿。俗话说，从小看大，三岁看老。昂利·彭加勒后来没有像雷蒙那样成为一个显赫一时的政治家，而成为一位诚实、正直、严肃的科学家。

昂利·彭加勒的童年是不幸的。在幼儿时，他的运动神经共济官能就缺乏协调。他的两手后来虽说都能写字画图，但他的字、画都不好看。乍看起来，他也没有什么超人的天才，这可由一件趣闻佐证。当他后来被公认是他所处时代的第一流数学家时，他接受了比内（法国心理学家）测验，结果他被断定是一个笨人。由于在他的孩提时代，母亲把全部心血倾注到子女的教育上，所以他的智力发展较快，很早就学会了讲话，不过开始也不大顺利，他思考得很快，但迟迟找不到要说的恰当词语。

5 岁时，白喉病把他折磨了整整 9 个月，从此留下了喉头麻痹症。这次疾病使得他长时期身体虚弱、缺乏自信。他无法和小伙伴们做粗野的游戏了，只好另寻他趣。

他的主要娱乐是读书，在这个广阔的天地里，他的天资通过锻炼逐渐显露出来。大约从七八岁时起，他对博物学产生了兴趣，《大洪水前的地球》一书给他留下了深刻的印象。他读书速度之快令人难以置信，而且过目不忘，往往能说出哪页哪行讲了些什么。他在自己的一生中都保持着这种视觉记忆（空间记忆）能力。他的时间记忆能力——以不可思议的准确性回忆往事——也非常强。大多数数学家好像通常通过眼睛看来记忆公式和定理，而彭加勒视力极差，他上课时看不到老师在黑板上写的东西，也不好记笔记，全凭耳朵听，这大大增进了他的听觉记忆能力。到后来，他能够在头脑中完成复杂的数学运算，还能够迅速地写出一篇论文而无需大改。人们对此觉得不可理解，在他看来，这却是自然而然的。这种“内在的眼睛”大大有益于他的工作，因为抽象的数学研究正需要丰富的想象和敏锐的直觉。

幼年的残疾使得他的手指不大听使唤，从而妨碍了实验技巧的训练。尽管他后来教过实验物理课程，也掌握了一些实验技能，但总的说来仍比较逊色，这也是他后来主要从事理论研究的原因。有人说，假使他在实验科学方面和在理论科学方面的兴趣一样强烈的话，他也许会成为与牛顿相媲美的人。

彭加勒十分喜爱动物。他初次玩来复枪时，无意中射死了一只小鸟。他为此深感内疚，再也不愿摸枪支了（除在战争期间强制进行的军事训练外）。9 岁时，他写了一篇出色的作文。法文老师认为，彭加勒的作文在形式和内容方面都有独创性，是一篇“小杰作”。这篇作文第一次表明彭加勒将来会成为一个有出息、有成就的人。

彭加勒在初等学校的学业成绩是优秀的。但是他并没有一天到晚趴在桌子上死啃书本，像其他孩子一样，他也乐于游戏和玩耍。他喜欢跳舞，还自编自演过一出诗剧。功课对他来说就像呼吸一样容易，他把许多时间用来娱乐和帮母亲干活。从小时候起，彭加勒就具有“心不在焉”的性格：他每每忘记吃饭，几乎从未记清他是否吃过早餐。这种性格直到成年也未改，比如离开旅馆时，他有时便稀里糊涂地把房间的台布、床单之类的小物件卷进自己的行李中。

在 15 岁前后，奇妙的数学紧紧地扣住了彭加勒的心弦。一开始，他就显示出终生的怪癖：当他不停地来回踱步时，那正是在聚精会神地思考数学问题，只有彻底想好了，他才把结果记在纸上。他工作时，各种外界干扰对他来说毫无影响。有一次，一位芬兰数学家长途跋涉到巴黎与彭加勒商讨问题，当女仆告诉彭加勒有客来访时，他似乎没有听到，还在继续来回踱步，整整踱了 3 个钟头。

1870 年，普法战争爆发了，当时彭加勒才 16 岁。他体弱，没有服兵役，可是也经受了风险。德国侵略者占领了他的家乡南希，他在战地巡回医院协助父亲工作。后来，他随母亲到阿兰瑟的外婆家去，他童年时代最幸福的日子就是在那里度过的。阿兰瑟位于圣普里瓦战场附近，母子三人忍饥挨饿，在滴水成冰的天气里越过一个个沦为焦土的村镇。到达目的地，映入他们眼帘的只是一片残垣断壁，侵略者的铁蹄蹂躏了美好的家园。敌人的兽行促使彭加勒终生成为一名热情的爱国主义者。但是，他从来也没有把敌国的数学和敌国军队的野蛮行径混同起来。正像埃尔米特（法国数学家）没有反对高斯（德国数学家）一样，彭加勒也从未敌视过库默（德国数学家）。可是，彭加勒的堂弟雷蒙却迥然不同，每当他提起德国人时，总是伴随着憎恨的尖叫声。在战争期间，彭加勒为了听懂德国兵的交谈和阅读德文报纸，通过自学掌握了德语。

按照法国通常的习惯，彭加勒在 17 岁（1871）进行专业训练之前接受了首次学位（文学和理学学士）考试。在考数学时，他由于迟到而心神不安，连证明收敛几何级数求和公式的简单试题都做错了。由于平时成绩优秀，他还是在数学不及格的情况下通过了学位考试。主考人说：“彭加勒是一个例外，若是其他任何学生，无论如何也不会被录取。”

他进入福雷斯学校学习，在没有记一页课堂笔记的情况下赢得了一次数学奖学金，这使他的同学惊讶不已。他们以为彭加勒是个吊儿郎当的人，便闹了个恶作剧，哄骗他代表四年级学生参加数学竞赛，解一道十分难对付的数学题。彭加勒似乎没有怎么思考就直接写出了答案，然后扬长而去，而那些垂头丧气的戏弄者还在纳闷：“他究竟是怎样做出来的？”在彭加勒的整个一生中，其他人也经常询问同样的问题。的确，当一个数学难题摆在他面前时，他的答案就像刚刚离弦的箭一样飞来。

1871 年底，彭加勒进入高等工业学校深造。据说，在入学考试时，一位主考人得知彭加勒是“数学巨怪”，故意把考试推迟了三刻钟，想用一道经过精心推敲的试题难倒他。结果，彭加勒回答得很出色，得到了最高分数。他尽管在数学上名列前茅，但体育成绩很不好，绘画得了零分。按当时的规定，零分意味着淘汰。主考人熟知他的情况，还是破例录取了他。

彭加勒 1875 年从高等工业学校毕业，其时 21 岁。他接着到矿业学校学习，打算做一名工程师。他满怀信心地攻读工程技术课程，一有闲空，就劲头十足地钻研数学，并在微分方程的一般解的问题上初露锋芒。1878 年，他向巴黎科学院提交了这个课题的“异乎寻常”的论文，因此于第二年 8 月 1 日得到了数学博士学位。

彭加勒并非命中注定要成为一个矿业工程师，但是在见习期间，他却表现出一个真正的工程师的勇气。在一次矿井爆炸时，他奋不顾身地冲进去营救 16 个遇险的同事，为此深得矿工们的信赖。然而，这个职业与他的志趣不相投，他又想做一个职业数学家。得到博士学位后不久（12 月 1 日），他应聘到卡昂大学做数学分析教师。两年后，他升迁到巴黎大学执教，讲授力学和实验物理学等课程。除了在欧洲参加科学会议和 1904 年应邀到美国圣路易斯博览会讲演，他一生的其余时间都是在巴黎作为法国数学界乃至世界数学界的领袖而度过的。

三、堪与高斯媲美的大数学家

1789 年的法国大革命推翻了成为社会发展桎梏的封建制度和专制政体，促进了科学的发展，使法国在 18 世纪末和 19 世纪初取代英国，一跃而成为世界科学的中心。在这里，只需提一下拉格朗日、蒙日、拉普拉斯、傅里叶、柯西等著名数学家的名字就可知法国科学的盛况了。可是，由于启蒙主义在德国的活跃和以普鲁士为中心的各诸侯国的统一，德国在世界舞台上崭露头角，继而后来居上，在 19 世纪后半期夺得了科学的主导权。尽管如此，由于彭加勒等人的继往开来，法国仍有能力自立于世界科学之林。彭加勒被认为是 19 世纪最后四分之一和 20 世纪初期的数学主宰，并且是对数学和它的应用具有全面知识的最后一个人。要知道，当时的许多数学分支都变成了封闭的体系，它们各有其特殊的术语和专门的研究方法，要同时跨越几个领域实在不易，要做个通才，更是难上加难。可是，彭加勒就是这样的通才，人们公认他是堪与高斯相媲美的大数学家。

在彭加勒出生后的第二年，高斯（1777—1855）就去世了。高斯是德国著名的数学家，被誉为“数学家之王”。他的研究遍及所有数学领域，也是非欧几何学的创始人之一。可以说，19 世纪数学的发展一开始就在数学巨人高斯身影的笼罩之下，而后来却在同样一位数学大师彭加勒的支配之中。他们两人是最高意义上的广博的数学家，并且都在物理学和天文学上做出了重要贡献。事实上，彭加勒在数学的四个主要研究领域——算术、代数、几何、分析——中的成就都是开创性的。洛夫在评价彭加勒时说过：“他的权威现在已被公认，他能够进入所有时代最伟大的数学家行列之中，未来的几代人将不可能修改这一论断。”

彭加勒的首次成功是在微分方程理论方面。这项工作开始于 1880 年，其时他年方 26 岁。对于常微分方程的研究促使彭加勒从事超越函数新类系——自守函数——的探讨，自守函数是椭圆函数的推广。彭加勒把自己发现的一类自守函数命名为富克斯函数。克莱因倒是考虑了富克斯函数，但富克斯却没有考虑过，为此克莱因就优先权问题向彭加勒提出了抗议。彭加勒的回答是把自己紧接着发现的一类自守函数命名为克莱因函数，因为这类函数正像有人所幽默地注视到的，克莱因也从未想到过。

1884 年，彭加勒在《数学学报》前五卷发表了关于自守函数的 5 篇重要论文。这一划时代的发现使不到 30 岁的彭加勒闻名于世，从此，他一生事业的魔杖被抓住了，阿拉丁的神灯被擦亮了。可是，当这组论文的第一篇发表时，克隆尼克却警告编辑说，这篇不成熟的和隐晦的论文会把期刊扼杀掉。

自守函数的研究和微分方程定性理论的研究一样，促使彭加勒重视拓扑学。1887 年，33 岁的彭加勒被选入巴黎科学院，像这样年轻的新人进入科学院实属罕见。大多数数学家在签署意见时认为，“彭加勒的工作成就超过了通常的赞扬，这必然使我们想起雅可毕描述阿贝尔的情况——他解决了在他之前未曾设想过的问题。事实上必须承认，由于椭圆函数的成功，我们正在目睹数学领域里的一次革命，这次革命在每一个方面都可以和半个世纪前出现的革命相比较”。

彭加勒说过，数学家具有两种截然相反的倾向。有的人具有不断扩张版图的兴趣，在攻克某个难题后便抛开这个问题，急着出发进行新的远征。另外的人则专心致志地围绕着这个问题，从中引出所有能够引出的结果。前者像一个乘汽车的旅行家，后者则像一个徒步游客。彭加勒本人就是这样一个在数学新版图上乘车驰骋的旅行家。法国数学家、彭加勒的传记作家达布谈到彭加勒这一特点时说：“他一旦达到绝顶，便不走回头路。他乐于迎击困难，而把沿着既定的宽阔大道前进、肯定更容易到达终点的工作留给他人。”彭加勒属于库恩所说的发散式思维的科学家，对于一个科学开拓者来说，这的确是不可或缺的素质。

就这样，彭加勒接二连三地出击，雄心勃勃地进行新的征服。在函数论方面，他的每个贡献都是拓广的领域的出发点。他在 1883

年的一个结果引出了整函数和亚纯函数的庞大理论，该理论在80年之后仍未穷竭。他对阿贝尔函数和代数几何学也十分感兴趣。从1881年到1911年，他就这个课题写的论文和自守函数的一样多，他的一些证明方法在1965年之前还未有人超过。这些方法在其他现代问题上也有价值，看来其有效性还远未挖尽。在数论领域，他给出了整数型亏格的第一个普遍定义，给出“秩”的概念。这个概念的许多问题仍未得到解答，更深入地钻研他的论文也许会导致新的结果。关于代数学，他研究了次数≥3的算术理论、非交换代数、包络代数，发现了李代数中的基本定理——彭加勒－伯克霍夫－维特定理。微分方程及其在动力学上的应用显然处于彭加勒数学思想的中心地位，他几乎每年都要发表这个课题的论文。在这方面最突出的贡献是微分方程定性理论，其中许多都是前人未曾触及到的。关于代数拓扑学，他从1894年开始研究，在10年内发表了6篇奠基性的论文。他定义了贝蒂数，发明了单形的同调论的一整套方法，推广了欧拉多面体定理（现称欧拉－彭加勒公式），提出了流形同调的著名的对偶定理，引进了挠率概念。有人正确地说过，直到1933年发现高阶同伦群之前，代数拓扑学的发展完全基于彭加勒的思想和方法。在关于概率论的大量论著中，他最先使用了“遍历性”的概念，这成为统计力学的基础。他在数学基础等领域也做了许多工作。尽管如此，彭加勒并不十分满意他已有的成果，他甚至说过，他从来没有发表过一篇既不后悔它的内容也不后悔它的形式的论文。

在数学哲学方面，彭加勒在发现了逻辑悖论的情况下复活了直觉主义，并且形成了广泛的运动，他的立场使他成为数学直觉主义学派的先驱。他批判了以罗素、皮亚诺等人为代表的逻辑主义和以希尔伯特等人为代表的形式主义，但也不是完全排斥他们。他极力主张，如果不求助于直觉，要从已经接受的逻辑原理推导出全部数学真理是不可能的。他多次强调直觉在数学发明中的重大作用。他说，对于纯粹数学家而言，直觉本领是必不可少的。逻辑用于论证，直觉用于发明。知道如何批判固然不错，知道如何创造当然更好。数学创造并不在于用已知的数学实在构成新的组合。任何一个人都会做出组合，但是这种组合的数目是无限的，它们中的大多数毫无意义。创造恰恰在于不做无用的组合，而做有用的、为数极少的组合。发明就是辨认和选择，可是，你如果没有在所有组合中选择的技巧，就无法辨认一个组合是否正确。逻辑可以告诉我们走这条路或那条路保证不遇见任何障碍，但是它不能告诉我们哪一条路能引导我们到达目的地，因此必须从远处瞭望目标，瞭望的本领是直觉。没有直觉，数学家便会像这样一个作家：他只是按语法写诗，却毫无思想。彭加勒还形象地比喻了专注于逻辑和受直觉指引这样两种截然相反的思想类型。他说，前者“步步进逼，效法符邦，挖壕筑垒，稳扎稳打，没有给机遇留下任何余地”，而后者“像勇敢的前卫骑兵，迅猛出击，以速制胜，但有时也要冒几分风险”。在科学的疆场上，彭加勒这位直觉主义者正是扮演了冲锋陷阵的“前卫骑兵”。

彭加勒认为，整数是不可定义的，整个数学的基础是数学归纳原理，它的可靠性被直觉地认可，也就是说，是综合的、先验的。

他嘲笑罗素在《数学原理》(1903)中把“1”定义为$\hat{a}\{\exists x \cdot a=i' x\}$。他说，对于从未听说过数目“1”的人来说，这是一个“令人赞叹的”定义。

彭加勒认为，数学创造的产生是一个使心理学家十分感兴趣的问题，通过了解这一过程，我们有希望达到人类精神的最基本之处。他说：“潜在的自我无论如何也不比自觉的自我低下，它不是纯粹自动的，它能够辨认，它机智、敏锐，它知道如何选择、如何凭直觉推测。”他通过自己发现富克斯函数的经历详细地说明了这个问题。他说他怎样在冥思苦想、一无所获的情况下，晚上偶尔喝了黑咖啡，久久不能入睡，构成了稳定的结合。他说他在地质旅行时，脚踩上汽车踏板的一刹那，一种想法突然闯入心头。他说他在海边的悬岩边散步，是怎样突然顿悟的。他说他沿大街散步时，一个相当困难的问题怎样霎时呈现在他的面前。彭加勒总结了这种无意识工作的条件：“如果一方面有意识的工作在它之前，另一方面又被有意识的工作尾随其后，那么这就是可能的，而且肯定是富有成果的。”

四、开辟了理论天文学的新纪元

自牛顿以来，天文学向数学家提出了许多问题。直到19世纪之前，天文学家在处理天文学问题时所用的武器实际上是牛顿、欧拉、拉格朗日和拉普拉斯所发明的武器的改良。但是，从19世纪开始，柯西发展了复变函数论，他本人和其他人对无穷级数收敛问题进行了研究，天文学的武库通过数学家的努力正在扩充起来。对于彭加勒来说，他很自然地想到自己的解析学，他把这种从未运用过的数学新武器用来进攻天文学。他所发动的战役在当时是如此地现代化，以致在 40 多年后还没有几个人能够掌握他的锐利武器。

在 19 世纪，法国在理论物理学和其他学科方面失去了霸主地位，但在理论天文学方面仍然领先一步。彭加勒是这一光荣传统的继承人，他站在他的同胞克莱劳、拉普拉斯、勒维烈这些天文学巨人的肩上，当然会看得更远一些。他的主要工作有三个方面：旋转流体的平衡形状（1885）；太阳系的稳定性，即 n 体问题（1899）；太阳系的起源（1911）。

彭加勒对第一个问题的兴趣是被威廉·汤姆孙和泰特的《论自然哲学》一书中的一节激起的。此外，他在讲授流体力学时也对标准教材中关于旋转流体的处理感到不满。

彭加勒在 1885 年发表的长篇论文中讨论了由雅可毕椭球体派生出来的角动量渐增的新体系的平衡形状，这种形状后来称为梨形。彭加勒认为，这种体系演化的下一个阶段可能是一大一小彼此绕着旋转的两个天体的平衡状态，该假设肯定不能用于太阳系，某些双星必然会呈现出这样的过渡形式。后来，俄国数学家李亚普诺夫和英国天文学家金斯分别在 1905 年和 1915 年证明：梨形是不稳定的。当然，现在有些人不再相信彭加勒的梨形能在宇宙演化中起任何作用。但是，至今仍然有人研究，流质经过旋转不稳定后发生的分裂可能导致形成双星体系，甚至有人认为地球也是梨形，因而彭加勒处理问题的一般方法也许可能再度得势。

彭加勒在天文学上的最大成功表现在对“n 体问题”的处理上，

这是瑞典国王奥斯卡二世在1887年提出的悬赏问题。设 n 个质点以任意方式分布在空间中，所有质点的质量、初始运动和相互距离在给定的时刻假定都是已知的。如果它们之间按照牛顿万有引力定律相吸引，那么在任何时刻，它们的位置和运动（速度）是怎样的呢？对于数学天文学来说，一群星系中的每个恒星都可以视为这样的质点，于是“n 体问题”就相当于今后天空的情况将是什么样子，假使我们有足够的观察资料描述目前天空的普遍结构的话。显然，这个天文学问题不仅具有数学特色，而且具有物理学特色。

关于“两体问题”（n=2），已被牛顿完满地解决了。著名的“三体问题”（n=3）后来受到人们的注意，因为地球、月亮和太阳就是“三体问题”的典型例子。自欧拉以来，人们把它视为整个数学领域最困难的问题之一。从数学上讲，该问题归结为解九个联立微分方程组（每个都是线性二阶的）。拉格朗日成功地把这个问题加以简化，可是其解即使存在，也不能用有限个项来表示，而是一个无穷级数。如果级数在形式上满足方程组，并且对于变数的某些值收敛，那么解将存在。彭加勒在他1889年的论文中提出了一种新的强有力的技巧，其中包括渐近展开和积分不变性，并且在微分方程的接近奇点附近的积分曲线方面做出了根本性的发现。

尽管彭加勒没有解决“n 体问题”，但在“三体问题”上却获得了明显的突破，因此评审团还是把奥斯卡奖——2500瑞典克朗和金质奖章——授予他。法国政府不顾瑞典国王的阻拦，也授予彭加勒“宪兵团荣誉骑士”的称号。彭加勒在写给奥斯卡奖评审团的信中说：“你们可以告诉你们的君主，这项工作不能看作是对所提出的问题提供了完美的答案，然而它具有这样的意义：它的公布将在天体力学上开创一个新时代。因此，陛下所期望的公开竞赛的结果可以认为是达到了。”

彭加勒在数学天文学方面的早期工作汇集在他的专题巨著《天体力学的新方法》（三卷本，1892、1893、1899）中。接着该书出版的是1905—1910年出版的另外三卷著作《天体力学教程》，它具有更为实用的性质。稍后又有讲演集《流体质量平衡的计算》和一本历史批判著作《论宇宙假设》。

彭加勒的传记作者达布断言（他的观点受到许多人的支持）：这些著作中的头一部事实上开辟了天体力学的新纪元，可与拉普拉斯的《天体力学》和达朗贝尔关于二分点岁差的工作相媲美。乔治·达尔文爵士在评论《天体力学的新方法》时说：“很可能，在即将来临的半个世纪内，一般研究人员将会从这座矿山发掘他们的宝藏。”达布在评价彭加勒的这些工作时写道：“在50年间，我们生活在著名德国数学家的定理上，我们从各个角度应用并研究它们，但是没有添加任何基本的东西。正是彭加勒，第一个粉碎了这个似乎是包容一切的僵硬的理论框架，设计出展望外部世界的新窗户。”

彭加勒的《论宇宙假设》普遍地被这个领域的研究者看作是经典的著作，书中对建立在拉普拉斯星云说基础上的模型的性质做了全面的分析和认真的尝试。这本书作为回顾太阳系起源的各种理论，即使在今天也值得一读，但是由于忽略了20世纪初其他天文学家提出的一些理论，因而有某些不足之处。彭加勒关于宇宙演化的观点是19世纪末有代表性的：真实世界的进程是渐变的、不可逆的，不连续的变化也明显地发生，但只是在确实需要时才发生，而且不是以大变动的形式。这种观点显然与今天流行的“大爆炸”宇宙学格格不入。

像一个直觉主义者所做的那样，彭加勒在天文学研究中的不少工作与其说是定量的，还不如说是定性的，这种特点导致他研究分析学。在这方面，他发表了6篇著名的论文，使该课题产生了革命性的变革。分析学方面的工作又转而顺利地应用到天文学的数学之中。

通过研究天文学，彭加勒深深体会到：“天文学是有用的，因为它能使我们超然自立于我们自身之上；它是有用的，因为它是宏伟的；这就是我要说的。天文学向我们表明，人的躯体是何等渺小，而人的精神又是何等伟大，因为人们的理性能够包容星辰灿烂、茫无际涯的宇宙，并且享受到它的无声的和谐。在它那里，人的躯体只不过是沧海之一粟而已。于是我们意识到我们的能力，这是一种花费越多收效越大的事业，由于这种意识能使我们更加坚强有力。”彭加勒意味深长地说：“星星不仅发出可见光，射入我们的眼睛，而且它们也向我们发出一种极为微妙的光，照亮我们的精神。”

五、成为相对论先驱的理论物理学家

彭加勒讲授物理学达20年以上，他以特有的求全性和充沛的精力完成这项任务，结果使得他成为理论物理学所有分支的专家，发表和出版了不同论题的文章和书籍达70种以上，其中特别偏好光和电磁理论。他研究了三维连续统的振幅，弄清了许多导热问题以及势论方面的电磁振荡问题，论证了狄利克雷原理。

说实在的，在物理学方面，彭加勒的运气并不怎么好。为了使他的才能得到体现，他应该晚生30年或多活20年。恰恰在经典物理学进入它的衰老期时，他却处于精力充沛的时期；当物理学重新焕发青春——以普朗克1900年量子论的提出和爱因斯坦1905年狭义相对论论文《论动体的电动力学》的发表为标志——之时，他的头脑却被19世纪的经典理论所充塞，以至于在他去世前，他几乎没有多少时间消化那些令人惊奇的新事物。尽管如此，他还是在物理学革命的三个领域中做出了重要贡献。

1895年底，德国物理学家伦琴在维尔茨堡大学实验室发现了X射线，这一发现在西方科学界引起很大的轰动。伦琴当即把印有关于发现X射线通报的印刷品寄给了一些同行，其中包括彭加勒。彭加勒曾参与过阴极射线本性的争论，力图证明它们是由粒子构成的。伦琴的发现对彭加勒的激励比对其他任何法国科学家都要大。

彭加勒是科学院的成员，有参加科学院周会的习惯。在1896年1月20日的周会上，他展示了伦琴寄给他的第一张X射线照片。当他的科学院同事贝克勒耳问他射线从管子的哪部分发出时，他回答说，射线似乎是从管子中与阴极相对的区域发出的，在这个区域，玻璃变得有荧光了。贝克勒耳立即想到，X射线可能和荧光有关，第二天就开始试验荧光物质是否会发出X射线。他在几周内进行了一系列实验，从而导致了放射性的发现。放射性的发现又引起连锁反应，促使居里夫人发现了放射性更强的新元素钋和镭。彭加勒对这些新发现满腔热忱，甚至把镭誉为“当代伟大的革命家”，他看到了科学的巨大革命力量。

彭加勒和洛伦兹一样，也是相对论的先驱。早在爱因斯坦之前，他就提出了建造相对论的一切必需的材料（相对性原理和光速不变原理）。

在 1895 年，彭加勒就对当时以太漂移实验的研究状况表示不满。他虽然认为洛伦兹理论是现有理论中最好的，但对洛伦兹针对每一个实验事实都要引入孤立的假设的做法进行了批评。他极力强调，人们应该针对以太漂移实验的零结果引入一个更为普遍的观点。这时他已意识到：“不可能测出有重物质的绝对运动，或者更明确地说，不可能测出有重物质相对于以太的相对运动。人们所能提供的一切证据就是有重物质相对于有重物质的运动。”1904 年 9 月，在美国圣路易斯国际技术和科学会议的讲演中，他完整地提出了相对性原理，并把它作为物理学六个普遍原理之一列举出来。他说：“根据这个原理，物理现象的定律应该是相同的，不管观察者处于静止还是处于匀速直线运动状态。于是我们没有也不可能有任何手段来辨别我们是否做这样一种运动。”

在彭加勒 1898 年发表的《时间的测量》一文中，他首次提出了光速在真空中不变的公设。他写道，光速不变是一个公设，没有这个公设，就无法测量光速。他认为，我们无论对于同时或两个时间间隔的相等均不能有直觉，我们自信有此直觉只不过是幻想而已。在1902年出版的《科学与假设》中，他再次强调了他的观点，“绝对空间是没有的，我们所理解的只不过是相对运动而已”，“绝对时间是没有的，所谓两个历时相等，本身只是一种毫无意义的断语”，“不仅我们没有两个相等的时间的直觉，而且也没有发生在不同地点的两个事件同时性的直觉”。彭加勒1904年在圣路易斯的讲演中甚至惊人地预见了新力学的大致图景：“……惯性随速度而增加，光速会变为不可逾越的极限。原来的力学依然保持一级近似……”

饶有兴味的是，彭加勒在1905年还详细地讨论了利用光信号使时钟同步的问题。彭加勒的讨论不完全等价于爱因斯坦的描述，因为彭加勒在这里安排了两个观察者而不是一个观察者，然而他也得出相同的结果。彭加勒没有达到相对论，除科学上的原因之外，也有认识论方面的原因。国外学者认为，这是由于他未能把他的约定主义贯彻到底——在理论上他是一位约定论者，在实践上他却是一位经验论者。

彭加勒对量子论的发展也有过贡献，我们将在下面叙述。不用说，彭加勒也有失误，例如在世纪之交关于原子实在性的争论中，他对原子论持中立态度。但是，当有了确凿的实验证据后，他公开修正了自己的观点。这种态度是光明磊落的。

六、逻辑经验主义的始祖之一

彭加勒对科学和数学的哲学意义一直兴味盎然，但只是在20世纪初，当他作为一个专门数学家的伟大形象被牢固地树立起来之后，才唤起了他对非专业领域的附带热情。他于 1902 年、1905 年、1908 年先后出版了《科学与假设》《科学的价值》和《科学与方法》三本书，它们既是畅销一时的科学哲学著作，也是内容丰富、语言优美的科普读物。在那些年代，经常可以看到工人和店员们在巴黎的公园和咖啡馆贪婪地阅读彭加勒的通俗著作，尽管这些书籍印刷低劣、封面破旧。在法国的图书馆或阅览室，彭加勒的书都用手指翻脏了，显然有许多人借阅过。这些书被译成英、德、俄、西班牙、匈牙利、瑞典、日、中等文字，几乎传遍了整个文明世界。由于他的文字才华，彭加勒得到了一个法国作家所能得到的最高荣誉。人们称他为“法国的散文大师”，文学研究院接纳他为会员。一些忌妒心强的小说家心怀不满地散布说，彭加勒作为科学家能够获得这种独一无二的荣誉，是因为文学研究院经常要编辑权威性的法语字典，兴趣广泛的彭加勒显然能在工作中帮助文学研究院的诗人和语法学家，告诉他们自守函数是什么。但是众人却公正地认为，彭加勒已经得到的荣誉并不比他应该得到的多。

彭加勒在科学哲学上继承了马赫和赫兹的传统，并汲取了康德的一些思想，他的思想显然受到数学研究的影响。他有些接近马赫主义，但并不是一个彻头彻尾的马赫主义者，他被认为是逻辑经验主义的始祖之一。爱因斯坦称他是“敏锐的深刻的思想家”。

在《科学与假设》中，彭加勒坚持“实验是真理的唯一源泉”，明确表示了他的经验主义的哲学立场。从这种立场出发，他仿效马赫，批判了经典力学的一些基本概念和原理。但是他不像马赫那样仅从哲学和逻辑的角度进行批判，他还依据当时的一些实验事实，而且批判矛头也涉及经典物理学。他强调假设在科学中不仅是必要的，而且是合理的，并把假设分为三类——极其自然的假设，中性假设和真正的推广——进行论述，并指出假设要经常经受检验且不可滥用假设。彭加勒对科学的统一性和简单性也很感兴趣。他认为科学正在走向简单和统一的道路，其原因在于科学家对自然界的统一性和简单性具有坚定的信念。关于自然界的统一性，这是不成问题的，至于自然界的简单性，却不是一个容易解答的问题，不过人们可以把它看作如此而无危险。在该书中，彭加勒通过对非欧几何学的分析提出了约定主义哲学。他认为，约定是我们精神自由活动的产品，但是自由并非任意之谓。约定主义是彭加勒的创造，它后来和马赫的经验主义成为逻辑经验主义兴起的哲学基础。值得注意的是，爱因斯坦在“奥林比亚科学院”时期读过《科学与假设》，该书给他以极强烈的印象，爱因斯坦后来的某些科学哲学思想可能就源于此。

《科学的价值》引人注目的有三点：其一是关于物理学危机的论述。彭加勒通过对物理学历史和现状的考察指出，物理学已处于危机之中，这种危机是好事而不是坏事，它能加速物理学的改造，是物理学革命的前兆。其二是比较系统地阐述了他的科学观。他认为科学是一种分类方法和关系体系，科学的发展是非直线的、无止境的，科学走向统一和简单的道路，科学的基本原理具有极高的价值，并倡导“为科学而科学”。其三是毫不隐晦地表白了他的唯心主义哲学前提。

《科学与方法》分为“科学与科学家”“数学推理”“新力学”和

“天文学”四部分。使人感兴趣的是第一部分，这部分除论述了科学创造的心理学外，还集中论述了科学美。在彭加勒看来，科学美是潜藏于自然的感性美之后的理性美，而理性美要由具有理性的人去把握，因而科学美必然带有浓厚的主观色彩。他用“雅致”“和谐”“对称”“平衡”“秩序”“统一”“方法的简单性”“思维经济”等词语来描述科学美的特征。彭加勒不仅把科学美作为选择事实和理论的一个标准，而且认为科学美也是激励科学家进行科学研究的持续动力。他这样说过：“一个科学家，尤其是一个数学家，他在工作中体验到和艺术家相同的印象；他的乐趣像艺术家的乐趣那样大，而且具有相同的性质。”

在彭加勒逝世后的第二年，还出版了他的一本科学哲学著作《最后的沉思》(1913)，该书是由勒邦集其遗著编辑而成的。该书由9个短篇组成，其内容涉及规律的进化、空间和时间、数学和逻辑、量子论、物质与以太的关系、伦理学和科学等。关于科学和伦理学的关系问题，其他三本书基本上没有涉及。彭加勒认为，科学能在道德教育中起十分有用和十分重要的作用，科学能促使我们以特殊利益服从普遍利益，能把人们改造成为具有英雄主义行为和献身精神的人。

彭加勒的科学哲学思想中包含着唯心主义的糟粕，但也不乏闪光的珍珠，值得人们探讨、发掘。

七、为追求真理奋斗到最后一息

彭加勒说，“热爱真理是伟大的事情”，“唯有真理才是美的”，“追求真理应该是我们活动的唯一目标，这才是活动的唯一价值”。彭加勒言行一致，为追求真理一直奋斗到生命的最后一息。

彭加勒富有创造力的时期是从 1878 年的博士论文开始的。在短暂的 34 年科学生涯中，他写出了将近 500 篇论文和 30 本科学专著，这些论著囊括了数学、物理学和天文学的许多分支。当我们考虑到那些开创性工作的重重困难时，不能不钦佩他高度的创造性和坚韧不拔的毅力。由于他的杰出贡献，他赢得了法国政府所能给予的一切荣誉，也受到英国、俄国、瑞典、匈牙利等国政府的奖赏。

进入 20 世纪，彭加勒的声望急剧地增长。1906 年，他当选为巴黎科学院主席；1908 年，他被选为法国科学院院士，这是一个法国科学家所能达到的最高地位。当时，他蜚声国际学术界，受到同行们的称颂，一些有志干一番事业的年轻人都想拜他为师。特别是在法国，他被视为大智者，他在各种问题——从科学到哲学，从政治到伦理——上的见解总是直率的、明快的，被公众当作决定性的意见而接受。

在最后的四年中，除恼人的疾病期外，彭加勒的生活总的来说是安定的、幸福的。他有一个美满的小家庭：温厚的贤妻、一个儿子和三个女儿。他喜欢他的子女，特别是当他们还是小孩子的时候。他也爱好交响乐。

可是，彭加勒既没有沉湎于小家庭的脉脉温情，更没有躺在荣誉和地位上高枕而卧。他说：“经验并非一切，而且学者也不是被动的，他没有等待真理跑来找他，或者期待真理碰到他鼻子尖上的机会。他必须去迎接真理，正是他的思考向他揭示出通向真理的道路。”作为一个永不满足、永远进击的学者，他忘我地向新的未知版图挺进。在生命的最后征途上，他依然留下坚实的足迹。

在 1908 年的罗马国际数学会议上，彭加勒因病未能宣读激动人心的讲演《数学物理学的未来》。他的病是前列腺肿大，意大利的外科医生为他做了手术，这似乎可以看作是痊愈了。回到巴黎后，他像以往那样不知疲倦地工作着。但是到 1911 年，他觉得自己身体不适，精力减退，他说他在世上的日子不会长了。可是，他不愿放下手头的工作去休息，他头脑里孕育的新思想太多了，他不愿让它们和自己一块儿葬入坟墓。

1911 年 10 月 30 日至 11 月 3 日，彭加勒应邀参加了在布鲁塞尔召开的第一届索尔维会议，欧洲 21 位最著名的科学家出席了会议，会议的中心议题是“辐射理论和量子”。在这之前不久，彭加勒对量子论是完全陌生的，通过参加会议，他变成新理论的倡导者和发展者，从而在量子论的历史上留下了光辉的一页。洛伦兹后来回忆说，彭加勒在讨论中表现出“他的思想的全部活力和洞察力，人们佩服他精力充沛地进入那些对他来说是全新的物理学问题的才干”。

从布鲁塞尔返回巴黎后，奇异的量子使彭加勒难以安静下来。在生命的最后时刻里，他完全沉浸在这个奇妙的世界里，以难以置信的毅力和速度从事这项困难的研究。1911 年 12 月 4 日，即布鲁塞尔会议结束后一个月，彭加勒向科学院提交了关于量子论的长篇论文的缩写本（全文发表在 1912 年 1 月的《物理学杂志》上）。他在文章中指出，量子论并不是相对论的扩展，新的冲击比过去的冲击更为使人仓皇失措，这无疑是自牛顿以来自然哲学所经历的最伟大最深远的革命。这篇论文的思想在英国物理学界引起很大的反响。

与此同时，彭加勒还在思考一个新的数学定理，这就是把狭义三体问题的周期解的存在问题归结为平面的连续变换在某些条件下不动点的存在问题，这可能是分析中根据代数拓扑学所做出的存在性证明的第一个例子。他感到自己没有时间和精力来证明这个定理了，于是在 1911 年 12 月 9 日一反通常的习惯，写信给《数学杂志》的编辑，询问是否能接受一篇未经深究和修改的专题论文。他在信中写道："……在我有生之日，我无法解决它们了。不过，它们的最后结果能够把研究引向新的、未曾料到的路线上，在我看来，它们似乎具有十分充分的发展前途。不管它们使我遭到什么蒙骗，我仍将顺从地把它们奉献出来。……"在彭加勒的这一"未完成的交响乐"发表后不久，所需要的证明由美国年轻的数学家伯克霍夫在几个月之后给出了。

1912 年春，彭加勒再次患病，可是他还是顽强地奋斗着。同年 4 月，在法国物理学会的一次讲演中，他又谈到量子论问题，他要求人们不要为推翻根深蒂固的旧见解而烦恼。就在当月公开发表的一篇评述性文章中，他再次强调"把不连续性引入自然定律"，"这样一个非同寻常的观点能够成立"。他依次讨论了热力学和几率、辐射定律、能量量子、作用量子、普朗克的新理论等。他写道，尽管量子假设面临着一些困难，我们也必须拯救它，否则我们就不会有可供建筑的基础了。他对普朗克的"倒退"感到困惑，认为"坚持最初的观点是比较合适的”。彭加勒猜想，宇宙万物像电子一样，都应当经历量子跃迁。由于在普遍的跃迁之间的不运动状态内具有无法区分的瞬时，因此必然存在着“时间原子”。这就是逝世前几个月，彭加勒在头脑中酝酿的大胆思想。

临终前三周，即 1912 年 6 月 26 日，彭加勒抱病在法国道德教育联盟成立大会上发表了最后一次公开讲演。他说，“人生就是持续的斗争”，“如果我们偶尔享受到相对的宁静，那正是我们先辈顽强地进行了斗争。假使我们的精力、我们的警惕松懈片刻，我们就将失去先辈为我们赢得的斗争成果”。他还指出：“强求一律就是死亡，因为它对一切进步都是一扇紧闭着的大门，而且所有的强制都是毫无成果的和令人憎恶的。”彭加勒本人的一生就是自由思考、持续斗争的一生。

7 月 9 日，医生为彭加勒施行了第二次前列腺手术，手术是成功的。7 月 17 日，他在穿衣时因栓子（堵塞血管使血管发生栓塞的物质）而十分突然地去世了。他仅仅活了 58 岁，这正是他的能力的高峰时期。

在茫茫的夜空中，一颗“智多星”殒落了！这颗“智多星”发出了他所能发出的熠熠光亮，给人类带来了一线光明，即使在坠入大地时，也要把最后一道余光毫无保留地奉献出来。彭加勒的所作所为得到了能够鉴赏他的成就的人的赞誉。据说有这样一件轶事。在第一次世界大战期间，一些英国军官问他们国家的大数学家和大哲学家罗素：“谁是当代法国最伟大的人？”罗素不假思索地回答：“彭加勒！”“噢，是那个人！”这些对科学一窍不通的军官以为罗素指的是法国总统雷蒙·彭加勒，一个个兴奋地呼叫起来。当罗素得知他们呼叫的缘由时，便解释道："我指的不是雷蒙·彭加勒，而是他的堂兄昂利·彭加勒。"

可是，彭加勒也曾被一些人误解，蒙受了不白之冤。长期以来，在苏联、东欧、日本和我国出版的许多书刊中，他竟被描绘成在科学史上"兴风作浪"的反面人物。当我们用事实拭去抹在他脸上的油彩和尘埃时，难道不应当做一点历史的沉思吗？

（作者：李醒民）

奥斯特瓦尔德

科学家、思想家、实践家

弗里德里希·威廉·奥斯特瓦尔德

（Friedrich Wilhelm Ostwald，1853—1932）

弗里德里希·威廉·奥斯特瓦尔德是一位伟大的学者。他是物理化学的奠基者和代言人，是20世纪起主导作用的颜色学的研究者之一，曾荣获1909年诺贝尔化学奖。他就科学哲学、科学方法论、科学天才、科学组织、一般文化问题、能源、公共教育、人道主义、战争与和平、国际主义、世界语等问题，提出了一系列诱人的见解和行动方案。他是一位鼓舞人心的教师、综合者、阐释者和科学观念的改革家，他吸引并造就出一大批有才华的学生，他善于把新思想普及到学术界或公众之中。他是一位勤于笔耕的多产作家，一生共撰写了45本书、500篇科学论文、5000篇评论文章，还编辑了6种杂志。他也是一位战斗的无神论者、反教权主义的不可调和的战士和具有强烈使命感的社会活动家。他的成就和影响举世公认，加在他身上的各种头衔多达67项：世界许多名牌大学的兼职教授和荣誉博士，各种知名讲座的主讲人，国内外不少学会和科学组织的负责人和荣誉会员，一些国家科学院的院士或荣誉院士。

奥斯特瓦尔德也是一个平凡的人。他在学校并不是标准的“好”学生；他功成名就之后，依然像普通人一样地工作和生活；他有多方面的爱好，热衷于钻研音乐和演奏乐曲，喜欢画风景画；他在53岁时毅然辞去莱比锡大学的教授职务，回到乡间宅第从事他感兴趣的事情。不用说，他像凡人一样也有错误和失足之处。

奥斯特瓦尔德丰富的思想和切实的行动，正是在伟大与平凡的两极张力中迸发、体现出来的，这样的张力也造就了奥斯特瓦尔德这样一个名副其实的人——伟大的凡人、平凡的伟人。

一、里加和多帕特：未来的创造者

奥斯特瓦尔德于 1853 年 9 月 2 日出生在拉脱维亚的里加，这是一个濒临波罗的海的城市，当时属俄国管辖。这个约有千年历史的古城实际上与德国都市毫无二致，其建筑样式和典章制度均与德国的吕贝克市相仿。无论是上流社会、中产阶级，还是下层贫民都讲德语，其风俗习惯和精神生活都根植于德国文化。康德的《纯粹理性批判》的初版（1781）就是由里加书店出版的。

奥斯特瓦尔德的双亲是德国移民的后裔。很自然，奥斯特瓦尔德本人无论在理智上还是在感情上都认为自己是德国人。因此，他后来在求学时期极力反对沙皇俄国推行的泛斯拉夫运动，对强迫用俄语授课十分反感，并由衷地厌恶那些变节的德国人。这就是他所谓的“德国魂”。

奥斯特瓦尔德的家境十分贫寒。其父是一贫如洗的手艺人，长期在俄罗斯流浪，后定居里加，靠制桶谋生。其母是同样贫穷的面包师傅的女儿。婚后，他们起早贪黑，省吃俭用，用积攒下的钱买了一座简陋的小屋。年幼的奥斯特瓦尔德感到十分心满意足，毕竟有一个温暖安适的家了。为了节约开支，母亲经常把父亲工棚里的锯末收集起来烧饭。经过几年的经营，他们买了新居，扩大了营业规模，家境有了改善，但仍谈不上殷实富有。

奥斯特瓦尔德的父亲身量魁梧、力大气粗、性格暴躁，一有空闲便外出打猎。不过，他倒也心灵手巧，还喜欢画画。母亲身材纤瘦，天资较高，干起活来干净利落。她除给制桶铺的工匠和学徒（6—12 人）做饭外，还要给自己家做饭，料理家务和照管孩子的重担也压在她的肩上。她一有余暇就读书看报，在有限的时间里调剂一下精神生活。母亲热心艺术，爱看戏剧。父亲只要经济允许，总是给她在市立剧院预定定期座位。奥斯特瓦尔德上有哥哥，下有弟弟，没有姐妹。他的哥哥和弟弟长得像父亲一样高大，爱做粗野、热闹的游戏，常常和父亲一起狩猎，而奥斯特瓦尔德对此毫无兴趣。他的身材、秉性和趣味都与母亲相似，喜欢一个人安静地做自己的事。母亲的言传身教，不仅对他的思想成长有很大的影响，而且也给他注入了艺术家的素质。不过，他爱好绘画的天性以及制造器物的手艺，恐怕主要得益于他的父亲。多年的流浪经历使父亲既备尝艰辛，又见多识广，他定下了一条神圣不可侵犯的家规：宁可做出最大的牺牲，也要为孩子出人头地提供一切机会。也许是这条不成文的家规，庇护奥斯特瓦尔德在青少年时期充分发展了未来创造者的个性和才能。

奥斯特瓦尔德自幼喜爱动物，他早就有意识地反对父亲和兄弟的狩猎癖好，对他们在饭桌上大谈狩猎话题感到腻烦。每当父亲让他送猎物给亲友时，他心里总是隐隐作痛。后来，从通俗科学书籍接受的爱动物的教育更增强了他的反对狩猎的情绪。

10 岁时，父亲决定把他送入一所新型的实科中学。这所学校学制为 5 年。头一年，奥斯特瓦尔德还是一个顺从的好学生，后来由于阅读了形形色色的书刊，他的眼前敞开了全新的世界，他开始自觉或不自觉地选择自己的成长道路。

少年周刊《园亭》是他最早的精神食粮。19 世纪 60 年代，德国的自然科学和近代工业蓬勃发展、日渐兴盛，《园亭》的编辑以此为内容组织稿件。这不仅增强了奥斯特瓦尔德的爱国心，也坚定了他献身科学的志向。博物学老师妙趣横生的讲课也唤起了他内心潜在的对自然科学的爱好，他一度曾热衷于采集植物标本，捕捉蝴蝶和甲虫。

11 岁时，他偶尔看到一本关于制作焰火的书。书中提到的焰火成分除惯用名和学名外，还写着化学式。他问老师那些化学式的意义，老师只是简单地回答说，到五年级就会学的。就这样，奥斯特瓦尔德在无人指导的情况下自己摸索。他用省下来的零用钱到药房买了硝石、硫黄、锑等。父母对他的举动很是支持。母亲把厨房的研钵、筛子、器皿借给他用，父亲在地下室专门为他腾出一间小屋做实验（尽管在木匠铺制作焰火有发生火灾的危险）。没有钱买制浓硝酸的曲颈瓶、玻璃管等，他设法到建筑工地干零活挣钱，也做贴花画出售筹措铜币。他按照书上所画的图进行操作、实验，终于制成了焰火。看着点燃的焰火五彩缤纷，奥斯特瓦尔德真是喜出望外。焰火点燃了他童年的热情，打开了他心灵的窗户，照亮了他通向未来的道路。在成功之时，他感到有一种近于痛苦的深奥的幸福。这种幸福，恐怕只有身历其境的人才能体会到。奥斯特瓦尔德晚年发明的幸福公式，也许与此不无关系。

不久，他又迷上了照相。当时照相技术还很落后，是湿胶棉底片的时代。奥斯特瓦尔德手头什么器材也没有，一切都得亲自动手制造。他用父亲装雪茄烟的空匣子制作相机暗箱，用母亲的观剧镜制作镜头，用涂有药胶的硬纸片作显影纸，拆下窗格上的玻璃作底片。作胶棉用的浓硝酸和乙醚在里加买不到，他就用其他易到手的化学药品制取。在其他人看来，这简直是毫无希望的举动，然而奥斯特瓦尔德却洗出了照片，他当时比制成焰火时还要乐不可支。这两次经历对他的一生是决定性的。他从中增长的见识和才干无论如何是从老师那里学不到的。不久，他又读了一位农业化学家所著的《化学的学校》，这本教育杰作在他看来比他得到的任何东西都有价值。他尽情地品味书中的有趣实验，尽可能地动手去做。而奥斯特瓦尔德当时还没有上过化学课哩！

学校的宗教课以大课的形式讲授，由当地的牧师主讲。奥斯特瓦尔德的祖辈信奉基督教，他父亲由于忙得不可开交，轻易不去教堂，母亲开始还常来常往，后来手头事情一多，也不大外出了。奥斯特瓦尔德本人幼时还尽力信仰宗教，可是这种信仰并未一直继续下去。他自己后来也记不清究竟是怎么中断的，似乎是有一次他觉得自己犯了罪过，忐忑不安地进入教堂的深处，拜倒在上帝的脚下，虔诚地祈祷赎罪，谁知上帝还是默默无言。他受到了很大的冲击，从此他对上帝不再无条件地信赖了。另外，对于把上帝的血肉作为食物的教义，他也本能地感到毛骨悚然。

奥斯特瓦尔德的兴趣十分广泛。他曾一度埋头于绘画，这对他晚年研究颜色学很有帮助。他对音乐的兴趣是由参加教堂圣诞音乐会和观看歌剧《魔笛》激起的，这对他的内在发展很有意义。他常帮助母亲到租书摊借书，因而读了不少小说。读文学书籍使他摆脱了学校和家庭的狭小环境，知道了大千世界究竟是怎么一个样子。

这样多方面的兴趣，分散了他的时间和精力，当然难以满足学校的要求。一年级他还是优等生；二年级成绩极为不好，必须重读半年；三年级由于迷恋化学游戏和实验，不得不重读整整一年；四年级又多读了半年；五年级虽未重读，与其说是学习用功了，还不如说是学校放松了管理。不过，他数学总是得高分。从三年级起开设了物理课，他成绩也特别好，尤其是物理老师演示的凸透镜实验和彩色旋转盘实验，给他留下了深刻的印象。糟糕的是，他喜爱的化学居然不及格。就这样，五年制的中学，他却读了七年。

在临近毕业考试时，奥斯特瓦尔德经过短期突击复习，对数学、自然科学、德语和文学比较放心，自信拉丁语、英语和法语也可以勉强通过，担心的是历史和俄语。为此，他找来各种世界史教科书，边熟读边比较，背下书中所有的史实，总算对付过去了。失败的是俄语。本来在考俄语前，同伴们教给了他蒙混过关的“诀窍”，但他却自命不凡，结果就落第了。要知道，在俄国统治下的拉脱维亚领地，俄语是做官入仕的必要条件。学校虽然给他发了毕业证书，但并不是无条件的：他必须补习半年俄语，才能升入大学。他只好耐下性子，又熬了半年。

在这半年内，奥斯特瓦尔德还兼做家庭教师，教几个准备入中学的孩子。这是他从事教育工作的最初尝试，他体会到一种非同寻常的满足感。家庭教师使他得到一笔从未有过的收入。他给终年辛劳的母亲买了一台缝纫机，乐得母亲合不拢嘴。奥斯特瓦尔德晚年回想起母亲当时高兴的样子，还暗暗地流过热泪呢。

父亲希望自己的儿子进里加工学院深造，将来成为工程师。奥斯特瓦尔德也感到他完全有条件成为一名优秀的技术人员。但是，他认为在无边的知识海洋里自由探究更有魅力。他渴望做一位纯粹的化学家，尽管这意味着收入可能不会宽裕。奥斯特瓦尔德需要的是感兴趣的工作和丰富的精神生活，对于豪华的住宅、漂亮的衣服和美味佳肴，他从来懒得去追求。父亲尊重儿子的选择，就这样，18 岁半的奥斯特瓦尔德于 1872 年 1 月进入多帕特大学学习。知识天国的大门向这位年轻人敞开了：这里有他梦寐以求的化学实验室和浩如烟海的化学文献。

大学的学制是 3 年，共 6 个学期。在头三个学期，他没有规规矩矩地去听课，而把时间花在其他事情上。他是里加大学生联谊会的负责人，要参加各种社交活动。他十分迷恋音乐，和一些朋友组成了弦乐四重奏乐队，他拉的是中提琴。他在联谊会会址发现了海顿的 83 个弦乐四重奏的完整曲谱，就精心研究，反复进行练习。他也演奏莫扎特和贝多芬的室内乐。他在风景画方面也大有长进，并常与同窗好友到乡间漫游。就这样，一年半的时间舒舒服服地过去了，父亲为他的课程学习深感焦虑。突然，年轻人的个性和健全的道德力量起作用了，他良心发现了！

奥斯特瓦尔德凭着极强的记忆力和自学能力，很快就补上了“刷掉”的课程。他在施密特教授的指导下学习化学，在厄廷根教授的指导下攻读物理，进步相当快。他找到一本斯涅尔编的教科书，自学数学；他的数学知识大部分来自这本书。这是一本详细涉及认识论和方法论问题的书，也最早激发了他对哲学问题的思索。奥斯特瓦尔德履行了向父亲许下的诺言，在第四学期通过了候补学位的 1/3 考试；第二个 1/3 考试是在第六学期末通过的；他为自己的成功而振奋，又一鼓作气，在一个月内就通过了最后的 1/3 考试。就这样，奥斯特瓦尔德在 1875 年 1 月获准大学毕业。他后来戏称：他在一年半的休耕地上获得了大丰收。

二、多帕特和里加：步入科学家的行列

完整的候补学位考试还要求提交一篇使原先的研究成果具体化的短论文。奥斯特瓦尔德恰当地选择了他的课题，即“论水在化学上的质量作用”，这是施密特教授的研究方向。该课题处理的是，氯化铋的浓酸化溶液随着水的不断加入，其水解作用逐渐增大。这篇论文的摘要发表在《实验化学杂志》120 卷（1975）上。它是奥斯特瓦尔德众多论著中的头一篇，预示着这位 20 出头的青年人正在步入科学家的行列。

大学毕业后，他做了物理学教授厄廷根的助手。作为一位年轻的化学研究者，他的主要成就在于化学亲和力的研究，此外还有普通化学和无机化学。奥斯特瓦尔德对亲和力的研究表明，物理性质的定量值如体积度、折射率等，可能与伴随化学变化的量的改变有关，从而提供了关于化学反应组分的相对亲和力的信息。他通过实验和研究认识到，物理学方法在解决化学问题时具有独特的优点。这在化学热力学中尤为重要，因为用化学方法分析反应的组分时，由于同时发生的对于平衡的偏离，几乎总是无法实行，另外，物理

方法不会引起系统的化学变化。

在取得候补学位后不到两年，即 1876 年底，奥斯特瓦尔德提交了硕士论文《关于亲和力的体积化学研究》。他在论文中确定了稀溶液的碱酸中和反应时的体积变化，由体积度计算化学作用（亲和力），反应前和反应后的体积度是用比重瓶测量的。他发现自己用体积度方法求得的酸的亲和力顺序与其他人用热化学方法所确定的“活动性”顺序极为一致。在答辩会上，施密特顺便问他：“假如您要写一本化学教科书——上天不容——您将如何开始？”这是一个有益的暗示，就像告诫儿童不要干蠢事一样。奥斯特瓦尔德当时感到惊奇，不过他事后真的考虑如何写那本书了。

有了硕士学位，他就可以在大学做无公薪讲师了，这也是通向博士学位的必经之路。他开设了物理化学课，每周两小时，同时为自己准备撰写的《普通化学教程》收集资料，而更多的时间则用于体积化学的研究，因为这是他拟议中的博士论文的内容。

1878 年底，即在授予硕士学位后仅仅一年，奥斯特瓦尔德又获得了博士学位，时年 25 岁。在题为《体积化学和光化学研究》的博士论文中，他扩大了以往的研究范围，确定了大量的酸碱反应和其他复分解反应的折射率。他由此得到了化学反应速率的值，并用体积度方法证实了他所得之值。他扩展了关于化学亲和力的研究，使作为温度函数的均相反应与多相反应的分析得以实现。他用这种方法能够把特定的数值与“亲和力”术语联系在一起，在以往的长时期内，亲和力在化学文献中是以定性的且常常是以任意的方式被提到。

1879 年底，奥斯特瓦尔德受聘到多帕特实科中学教数学和科学。他接受了聘请，因为他仍能在大学做化学教授施密特的助手，继续他的物理化学研究。他觉得，教 14 岁到 18 岁的青少年对他来说是特别宝贵的，这会使他知道怎样才能把书写得更清楚些。

这个时候，年轻化学家在物理化学中的重要地位已得到公认。剑桥大学的米尔在 1879 年发表的评论文章《化学亲和力》中这样写道："近年来对最终解决化学亲和力问题所做的最重要的贡献，包含在古德贝格与瓦格的两篇论文（1869 和 1879）和威廉·奥斯特瓦尔德的三篇论文（1877 和 1878）中。"米尔在十分详细地介绍了这些论文后得出结论："……他们所得到的结果对每一个化学家来说必然是显而易见的。……奥斯特瓦尔德给化学提供了解决某些最困难问题的新方法，而古德贝格与瓦格在把数学推理用于化学科学的事实中带了路。"在获得这些成果的过程中，充分显示了奥斯特瓦尔德也是一位技艺高超、操作娴熟的实验家：他会吹玻璃，会木工和金工技术，善于为预定的目标设计和制造仪器，并灵活地装配和使用它们达到所需要的结果。

奥斯特瓦尔德在多帕特的 10 年间（1872—1881），有两件事值得一提。其一可称为"否定"事件，即他在 1879 年曾申请去德国做访问学者，结果被另一个同事争去了。奥斯特瓦尔德后来说，假如他以访问学者的资格去德国，他肯定会待在占统治地位的兴旺发达的有机化学界，他的兴趣也会毫无例外地转向有机化学。没有出国倒也是一件幸事，这使他能够在物理化学这个未绘出海图的汪洋大海里操纵自己的航船，驶向彼岸的新大陆。

第二个事件是“肯定”事件。在多帕特的整个时期，他一直在弦乐四重奏乐团中拉大提琴，常常出入大学讲师古斯塔夫·赖黑尔家。赖黑尔也爱好音乐，家里成了一群音乐爱好者的俱乐部。奥斯特瓦尔德有时也改写肖邦的小夜曲，用钢琴伴奏，或练习用巴松管伴奏。在这里，他遇见了赖黑尔的侄女海莲内·冯·赖黑尔，两人一见钟情。另外，奥斯特瓦尔德也十分注意研究配合旋律、和声学、音乐理论和艺术的其他分支。他的老师和朋友厄廷根常常开设声调技巧讲座，厄廷根请奥斯特瓦尔德也讲一讲，他欣然应允了。听众大多是女士，海莲内姑娘也在其中，这进一步加深了他们的相互了解。1879 年 4 月底，他们订了婚，于次年春天结婚，尽管他们当时还不得不住在单间的学生宿舍内。与海莲内的相识和结合，是他一生中的最大幸运。在以后 52 年的共同生活中，她以永恒的爱情无微不至地关照他，把家庭料理得井井有条（他们有三子二女）。

1881 年，里加工学院的化学教授职位空缺，奥斯特瓦尔德接受了院方的邀请。他的老师施密特向工学院的院长写了一封热情洋溢的推荐信，充分肯定了奥斯特瓦尔德的才干和成就。就这样，他 28 岁就当上了正教授。

翌年年初，奥斯特瓦尔德赴里加就任。在这里，他有自己的实验室和学生，有更广阔、更美好的前程，他也充分地把握了这一有利时机。里加时期（1882—1887），是他精力充沛、节奏紧张的研究时期。在 1879 年，他就提出，像硫化锌和氧化钙这样的化合物被不同的酸溶解的速率可以用来作为酸的相对亲和力的量度。到里加后，他沿着这个方向，开始了题为《化学动力学研究》的一系列工作。他抛开了在多帕特的静止的或平衡的方法，而把注意力放在反应速度的测量上。这组论文的第一篇针对乙酰胺的酸催化的皂化作用和酯的水解作用研究了反应速度。在这一研究中，他用很简单的方法设计了一种十分有效的恒温器，这一世界著名的恒温器立即为许多实验室所普遍采用。接着，他进行了蔗糖在各种酸存在时的转化率的实验，估计出酸的亲和力的值。他相信，各种方法得到的大致相同的亲和力数值表明，大自然肯定在这里隐藏着一个伟大的真理。在这些研究中，奥斯特瓦尔德也大大发展了接触作用或催化概念。莱比锡时期他在催化研究上的大丰收，其种子早在里加就播下了。

里加工学院的化学实验室设在酒窖里，条件很差。奥斯特瓦尔德劝说校方建立新的实验室，校方也看到他的巨大才能和日益增加的学生数目，同意了他的要求。由于里加的各种实验室都是旧式的，奥斯特瓦尔德明智地决定在 1882—1883 年冬季假期到德国的化学教学和研究中心做一番考察。无论从事业发展还是个人经历上讲，这一行动都是意义重大的。在莱比锡，德国著名化学家、《应用化学杂志》的主编柯尔贝（1818—1884）设宴招待了他，并表示希望他能在以后的某个时候到莱比锡工作。

奥斯特瓦尔德在他的《自传》中说，他永远记着 1884 年 6 月的某一天。这天，发生了三件使他难以忘怀的事：他牙疼得厉害，他的妻子生了一个宝贝女儿，他看到了名不见经传的瑞典年轻人阿雷纽斯（1859—1927）的博士论文《关于电解的伽伐尼电导率的研究》。像许多化学家一样，奥斯特瓦尔德的第一个印象是，阿雷纽斯的电解质导电的概念纯粹是胡说八道。进一步的研究使他深信，阿雷纽斯创造出一种简单的测量酸和碱的中和力的方法。早在多帕特，他就注意到德国化学家柯耳劳希测量的几种电导率与他所测量的亲和力的平行关系。尽管他在看到阿雷纽斯的论文之前曾就这一事实的解释做了初步的工作，但当时并不理解这种平行关系的意义。现在，阿雷纽斯的新概念提供了解释这种平行关系的钥匙。他发挥了自己的实验天才，对早先作为样品的 33 种有机酸进行了测量。他发现相应的电导率的确十分近似地与原先确定的亲和力系数成正比，用阿雷纽斯方法所确定的电离度是同一酸的亲和力性质的量度。正是他的热情奔放和宽宏大度的性格，促使他在同年 8 月到乌普萨拉拜访比自己小 6 岁的年轻人。这次访问是他们毕生友谊和合作的开端，他们规划了一系列重大研究项目。返回里加，他继续从事电化学研究，接连发表了 4 篇论文。由于奥斯特瓦尔德的影响，阿雷纽斯获取了 5 年时间的出国访问学者资格。

1886 年，奥斯特瓦尔德看到范霍夫（1852—1911）的小册子《化学动力学研究》(1884)。他惊奇地发现，这位荷兰有机化学家在化学热力学方面比他走得更远。他这时已牢牢地抓住了电离概念所具有的深刻意义，把它用于亲和力、化学平衡、质量作用以及更一般的化学热力学问题，取得了许多成果。从此，范霍夫成为物理化学的第三个巨头。在创立物理化学的过程中，奥斯特瓦尔德的阐释、表达和写作能力帮了他的大忙，阿雷纽斯和范霍夫的工作也是经他之手才广为人知的。他还把美国物理学家吉布斯的论著译成德文，成为德国学生必不可少的读本，甚至在耶鲁大学出版吉布斯的著作之前，英国和美国的学生还不得不读德译本呢。

在里加工学院，奥斯特瓦尔德被证明是一位卓越的教师和出色的研究者。而且，他在这里还开创了两项使他闻名于世的事业：其一是出版《普通化学教程》，其二是筹办《物理化学杂志》。其实，早在1880年，他就开始着手撰写《普通化学教程》了。该书第一卷论述的是化学计量学问题，于1883年出版。第二卷论述了热化学、电化学、光化学和化学亲和力，于1886年底出版。书名中的“普通”一词并不表明该书是普及读物，而是意味着作者涉及的领域十分广泛。这本书花费了作者多年持续的劳动，可以毫不夸张地说，它创立了普通化学和物理化学，并鼓舞了数百名年轻人在几年之内聚集到奥斯特瓦尔德的旗帜之下。这一惊人的工作也是他被应聘到莱比锡做物理化学教授的重要因素。

《普通化学教程》的成功使出版商乐于考虑出版一种有关物理化学的新杂志。奥斯特瓦尔德也明智地认识到，一种专门杂志对于新学科的进一步发展是必不可少的。但是当他征询朋友们的意见时，每一个人都觉得绝对无希望。范霍夫虽然同意联合编辑，但实际没有参与具体工作，担子落在奥斯特瓦尔德一个人身上。创刊号终于在1887年2月出版了。该杂志发表了许多最新研究成果，奥斯特瓦尔德还亲自动手写了大量书评和科学论文的批判性的摘要。这一杂志成为莱比锡物理化学学派的喉舌，成为把各国物理化学家联系起来的纽带。

奥斯特瓦尔德的生涯又出现了新的转机。1887年，他赢得了德国莱比锡大学物理化学教授的职位。奥斯特瓦尔德的梦想实现了，他现在是德国名牌大学的正教授了。他也渴望离开里加，因为即将到来的“俄国化”阴影使德国血统的人感到处境艰难。另外，他的学生大都想谋求收入较高的职业，没有几个人爱好纯粹的科学研究。

三、莱比锡：学术生涯的黄金时代

1887 年 9 月，奥斯特瓦尔德携家人离开里加，到莱比锡大学就任。新的教授职位并非是安乐窝，他面临着两个问题：其一，他的实验室名叫第二化学实验室，而不是物理化学实验室；其二，该实验室相当破旧、简陋，它原来是专门用于农业和畜牧化学的，不适于进行物理化学前沿的精密实验，而现在除在此要组织物理化学教学和研究外，还要为化学初学者和药剂师提供实习训练的场所。第一个问题倒没有什么大不了，因为奥斯特瓦尔德没有虚荣心，他与第一实验室主任相处得十分融洽。针对第二个困难，他果断地任命了三个助手：能斯特负责物理化学，瓦格内尔负责训练初学者，贝克曼负责训练药剂师。他们在奥斯特瓦尔德的指导下，工作干得相当漂亮，他们三人后来也出了名，升迁到高级职位。

奥斯特瓦尔德在冬季学期讲授无机化学，在夏季学期讲授物理化学。在里加积累起来的丰富经验，使他很快就组织起了物理化学实验课。位于莱比锡兄弟街 34 号的老实验室在几年之内就成为世界物理化学的研究中心，成为各国有进取心的研究生的“麦加”。为了应付众多的来访者，在走廊和地下室临时摆设了一些长凳。来自美、英等国的求学青年蜂拥而至。但是，德国学生反而占少数，这与德国有机化学的兴盛有关。德国有机化学界的某些著名人物另眼看待“离子家”，不认为奥斯特瓦尔德是化学家，因为他从未发现新物质。奥斯特瓦尔德开玩笑说：从这种观点看，他的确是够“消极的”，因为他把许多有记载的物质逐一加以破坏和分析。

直到 1898 年莱比锡大学新的物理化学研究所办公大楼落成之前，奥斯特瓦尔德和他的助手、学生一直待在兄弟街 34 号。他每天都要围着实验台跑来跑去。他的心扉始终是敞开的。据范霍夫回忆，只要他了解或发现某种新东西，他就立即具有把它转达给其他人的欲望。难怪奥斯特瓦尔德的学生和助手对老师十分信任和尊重，他们在 1903 年为他举行了获得博士学位 25 周年纪念会，并把集体签名的 46 卷《物理化学杂志》奉献给他。

在学术生涯的黄金时代，奥斯特瓦尔德不仅显示了强有力的组织才能，而且也充分发挥了他的研究才智。他在莱比锡迅速建立起来的著名学派，主要以阿雷纽斯的电离理论、范霍夫的溶液渗透理论以及热力学对溶液和化学平衡的应用为基础。但是，对于这一新化学分支的直接进展和普遍承认而言，没有什么比他 1888 年发现的稀释律贡献更大的了。奥斯特瓦尔德针对 250 种酸，他的助手针对 50 种碱证实了稀释律。该定律的历史意义在于，质量作用定律首次被用于弱有机酸和弱碱的稀溶液。

受到奥斯特瓦尔德支持和发展的电离理论，以定量的方法使以往彼此隔绝的物理学和化学研究一致起来。而且，以往通过观察和实验找到的规律性都能够从电离理论加以解释。奥斯特瓦尔德的《普通化学概论》（1889）及其英译本（1890）使这一崭新理论得到广泛传播，并为成千上万的学生提供了方便的教科书。

1891 年，奥斯特瓦尔德立足于离子平衡原理，提出了酸碱指示剂理论，它现在还为一般分析化学教科书所采用。接着，他在自己的《分析化学的科学基础》(1894) 中，详细论述了以电离为基础的化学反应理论的整个领域，包括了该课题的第一流的科学观点。这是一部使分析化学教学发生革命的著作。

19 世纪的最后 10 年，在奥斯特瓦尔德的实验室，对催化作用进行了系统的定量的研究。其实，早在 1883 年，他就研究过蔗糖和甲基醋酸盐被酸水解的速率。1890 年，他报道了自催化现象，并把它定义为这样一个过程："通过某些物质的存在，激发或加速这个过程，而这些物质却没有显示出进入化合物中。"他在 1894 年的报告中对催化概念做了新的表述："催化是通过外部物质的存在加速缓慢进行的化学过程。"他把催化作用比为润滑油对机器的作用和鞭子对懒马的作用。他总结了许多实验结果，并根据热力学定律，提出了催化剂的另一个特点：在可逆反应中，催化剂仅能加速反应平衡的到达，而不能改变平衡常数。在这个时期，奥斯特瓦尔德还出版了《接触作用学说通史》(1898)，考察了催化作用的来龙去脉，而对整个问题的更清楚的表述则是 1901 年的讲演《论催化作用》，它作为小册子于翌年出版。

奥斯特瓦尔德及其合作者关于这个课题的实验贡献是，处理了过饱和溶液的结晶过程——单相反应和多相反应——和酶的影响。另外，也通过催化的活性测量了酸的强度，提出了照相接触过程。他还把催化知识用于两个大规模的工业化学项目：以加热的电丝束作催化剂，使氮气和氢气在高温下合成氨（1900）；通过催化使氨氧化为硝酸，这个流程于1906年开始在工业中使用。正是鉴于“在催化作用与化学平衡和反应方面的工作，以及由氨制硝酸的方法”，奥斯特瓦尔德荣获了1909年的诺贝尔化学奖。

在莱比锡，奥斯特瓦尔德还要从事写作、编辑和学术组织事务，他的工作越来越紧张。他认为休息就是从一种脑力劳动转到另一种脑力劳动。暑假期间，他也到海滨去痛痛快快地玩一场，不过却是画几周画，借以清理他的思想。他像一个写字台一样，笔下生产出大量的智力产品。《实用物理化学测量手册》为人们提供了方便的实验工具书。《无机化学大纲》则使这个在某种程度上被忽视的学科更有趣味、更有逻辑性和合理性。《化学学校》把健全的化学思想引入年轻人的注意中心。《科学的发展》则是一本没有化学药剂的化学书，它是化学科学概念发展的历史概要。《电化学：它的历史和学说》是一本长达1100页的巨著，充分显示了作者对电化学及其相关领域的科学文献具有完善的统摄能力。奥斯特瓦尔德认为这是他写的最好的一本书，部分原因是书中对所涉及的先驱者的个人特点和当地风情做了生动的描写，然而它却是奥斯特瓦尔德唯一没有出第二版和没有被翻译的著作。他联合筹办《电化学杂志》，是主编组成员之一。他还创建了德国电化学学会，并任第一任主席。由他编辑并参与注释的“奥斯特瓦尔德精密科学的经典作家”丛书，是纪念碑式的宏伟事业。这套丛书由亥姆霍兹1847年的《论力的守恒》开始，到1938年已出243卷，到1977年达到256卷。它使自然科学上最重要的古典名著流传下来，对科学史研究具有不可估量的意义。奥斯特瓦尔德也是一位杰出的科学史家，他具有自觉的历史意识和强烈的历史感，他的许多论著都有详尽的历史材料和精辟的历史分析。乔治·萨顿在 1913 年 3 月创办科学史杂志《爱西斯》时，奥斯特瓦尔德的名字就列在赞助委员会中。

当奥斯特瓦尔德 1887 年到莱比锡大学就任时，他的就职演说的题目是《能量及其转化》，这是他在 1890 年前后致力于能量学研究的一个信号。在多帕特，他就对热力学感兴趣，吉布斯方程中的大多数项表示不同形式的能量这一事实使他深受震动。后来，热力学在物理化学研究中的巨大威力也给他留下了极深的印象。逐渐地，他越来越相信，分子、原子和离子只是数学虚构，宇宙的根本构成要素是以各种形式存在的能量，自然规律就是支配能量流通和转化的规律。奥斯特瓦尔德本来是一个原子论者，他在《自传》中生动地描述了他的突然顿悟：在初夏一个阳光和煦的早晨，他在花丛飞蝶间漫步，倾听着小鸟的鸣叫，他的整个身心充满了生命的活力，他永远不再怀疑能量的实在性是一切存在物和现象的实质。看来，这种经历是真正神秘的思想升华。有趣的是，马赫年轻时也有过类似的顿悟（突然感到“物自体”是多余的，而世界和自我是一个感觉复合体）。

1890 年前后，奥斯特瓦尔德致力于发展他的能量学思想，并稳步地围绕能量重组他的思想和著作。在他看来，能量是唯一真实的实在，物质不是能量的负荷者，恰恰相反，它是能量的表现形式。他坚持认为，能量学原理与分子运动论相比，能为化学和科学提供一个更为坚实、更为明确的基础，分子假设只不过是一种方便的假设和智力技巧。他进而宣称，物质概念是多余的，现象能够用能量及其转化来完满地加以解释。物质只不过是在同一地点同时找到的能量的复合，实物之间的差别归结于它们特定的能量含量的差别。他由能量学出发而达到普遍的自然哲学，即科学哲学或“科学的科学”。因此，人们在哲学上往往把他的能量学称为“唯能论”。奥斯特瓦尔德进而把它的能量学观念提高到世界观的高度，力图把自然科学、社会科学和人文科学囊括在能量一元论的世界观内。对于奥斯特瓦尔德的能量学和唯能论，有人批评其概念框架过于简单，也有人认为它更接近现代物理学的观念；有人指出它是唯心主义的胡说，也有人强调它包含着未来社会的新思想的萌芽。

奥斯特瓦尔德反对原子论的态度与他厌恶机械论、坚信以能量为基础的科学纲领有关。1895 年，他在德国吕贝克自然科学家会议上发表了《克服科学的唯物论》的讲演，这是他公开反对原子论的宣言，当即遭到玻尔兹曼、普朗克等人的激烈反对。到 1906 年，当分子实在性已有确凿的实验证据时，他又皈依了原子论，并在 1909 年《普通化学概论》第四版的序言中公开承认了自己反对原子论的错误。不过，这并未妨碍他对能量学和唯能论的孜孜不倦的追求。

进入 20 世纪，奥斯特瓦尔德的兴趣转移到哲学和其他更大范围的问题。1900 年，他开始向 400 人讲哲学。1901 年，他又创办了一个新杂志《自然哲学年鉴》，他本人亲自做编辑，继续全方位发展他的能量一元论观点。1902 年，《自然哲学讲演录》出版了，他在这本题献给马赫的著作中系统地展示了能量学和唯能论的方案，并广泛涉及其他科学哲学问题。1903 年，他应邀到加州大学伯克利分校访问，发表了《生物学和邻近科学的关系》的讲演。1904 年，他作为国际技术和科学会议的主要讲演者之一应邀赴美国的圣路易斯，他不是在化学组而是在科学方法论组以《论科学理论》为题发表了讲演。会后，他游览了尼亚加拉瀑布，异国秋叶之美给他留下了深刻的印象。他向他的美国学生表达了他想在美国画许多大幅风景画的计划，拟于某个冬天在纽约举办画展，并希望被人们拥立为美国风景的发现者。这个神奇的梦虽未实现，但它却显示了奥斯特瓦尔德鲜明的个性。

1904—1905 年冬天，奥斯特瓦尔德请求免去他冬季学期的讲课，校方否决了他的请求。为了集中精力从事他感兴趣的工作，奥斯特瓦尔德果断地提交了辞职书。他的这一举动并非心血来潮，早在 1894 年，他就希望摆脱教学和像院长、系主任这类的行政职务，一心一意从事研究和写作。他的朋友劝他重新考虑他的决定，萨克森教育部也要求他推迟辞职。恰在这时，他收到赴美讲学的邀请（1905—1906 年冬季和春季），他答应他从教授职位退休前再完成 1906 年夏季学期的教学任务。在美国，他在哈佛大学、麻省理工学院、哥伦比亚大学讲授哲学和化学。由于他在哈佛做了反对基督教灵魂不灭教义的讲演，美国基督教会的报纸骂他是“恶魔之子”。他这次赴美之行是作为德、美两国第一个交换教授进行的，这是德皇十分感兴趣的一项新计划。第一个选择落在奥斯特瓦尔德身上，这是他受到赞许和尊敬的最高标志。

四、“能量”舍：自由的“长矛骑兵”

1906 年夏天，53 岁的奥斯特瓦尔德提前退休，回到萨克森一个名叫格罗斯博滕村附近的乡间宅第定居。在这里，他作为一名自由的“长矛骑兵”度过了他一生的其余时光。

还是在 1901 年，他就买下了这所房子及其周围荒芜的花园和土地。暑假期间，他的子女常到此小住一段时间。正如他在 1901 年 9 月写给马赫的信中所说的，他把这所房舍命名为“能量”。现在，它扩大了，成了他一家人的永久住宅，他把他丰富的藏书也搬到这里。定居后不久，他又扩建了房舍，附设了颜色研究实验室。随着岁月的流逝，他购买了越来越多的田地，他的宅第也变成一个大庄园。他有一大笔退休金，接二连三的文稿也给他带来了丰厚的收入。

对于他这样一个具有活跃气质、广泛兴趣和显赫名声的人来说，退休决不意味着平静安逸，他愈来愈多地被应邀做各种讲演。用他自己的话来说，他变成了“实践的理想主义者”。他确实也渴望把才干贡献给有益于人类的事业，把他的科学知识和哲学观点用于人类文明的进步。

他下功夫研究了天才人物的“心理图案”，写出了《伟大的人：关于天才的生物学研究》(1909)。他把天才人物按精神气质分为两大类型：古典主义者和浪漫主义者。他根据智力反应速度系统地描述了支配他们一生的规律：前者是黏液质的、忧郁的人，反应速度慢；后者是多血质的、急躁的人，反应速度快。他本人无疑属于后一类人。他继续编辑《自然哲学年鉴》，他把自己的自然哲学用来探讨各种问题——价值哲学、善行的本质等。

奥斯特瓦尔德认为，从人道主义的立场来看，学者之间的相互理解是必不可少的。在题献给阿雷纽斯的著作《一天的挑战》（1910）中，这位国际科学大家庭中地位最高的人之一把他的能量学观点与科学方法论和系统论、心理学、科学天才、文化问题、公共科学教育和国际语入门联系起来。在哈佛大学，他就研究过世界语，他相信灵活的人工语言的价值和实用的可能性。他对有机会参加在巴黎召开的国际会议表示欢迎，这促使他创造了自己的人工语言——伊多语，这是一种经过革新和改进而大大简化了的世界语。

奥斯特瓦尔德具有改革的癖好。与康德的“绝对命令”类似，他在《能量命令》（1912）中提出：“不要浪费能量，而要利用能量。”它意味着，不要使能量衰变或降低到有用性较低的水平，相反地，要力图通过使能量转变到较高的（比较有用的）形式而利用能量。奥斯特瓦尔德通过对热力学第二定律（熵增大原理）的沉思导致了这一命令，它是一个预言性的、催促人们采取国际主义与和平主义以及系统规划保护自然能源的宣言。他在其中还提出了一系列建议：化学家的国际组织、世界通用语、国际货币、印刷页的合适尺寸、普遍裁军、标志的设立、学校的改善、新型大学、德语书写、天才的发展、妇女的地位和新历法等。不管这些改革是否能顺利实施和贯彻到底，它们总是富有启发意义的，这显示了一个敏锐的大脑和慈善的心肠在思考、关心人类社会的未来。

《价值的哲学》（1913）以同样的风格大范围地讨论了热力学第二定律，它的历史、应用和预见性。这样的思想也反映在他几年前出版的《能量》（1908）中，这简直可以说是一首关于能量的“叙事诗”。他还出版了一本《纪念和装饰粉画》（1912）的书，描述了粉画的修饰问题，以及如何在露天不受燃煤的硫化物的腐蚀。

奥斯特瓦尔德极力把他已形成的科学观念用于他感兴趣的领域。在许多著作中，他都给出了幸福的数学公式，其中之一是 G=k（A−W）（A+W）。在这里，G 表示幸福，A 表示在完成工作（做功）中花费的有用的精力（能量），W 表示在克服障碍（阻力）中所耗费的精力（能量），k 是能量过程转化为心理过程的因子。这是奥斯特瓦尔德用他的唯能论哲学解决感情的客观分析的真诚尝试。许多哲学家和心理学家可能会对此付之一笑，但是在科学的“大众世界”中，它是否包含着机智和忠告的颗粒呢？

奥斯特瓦尔德积极了解社会并为社会服务。他是国际原子量委员会的会员和国际化学联合会的共同创立者和临时主席。他多年来一直担任德国化学学会董事会董事。他也对化学家的训练极为关心，并且是中等教育改革的热情保护人和支持者。当时，德国企业家不满意大学训练出的化学人才知识过于专门，意见被递交到国家考试机构。奥斯特瓦尔德预见到官僚主义控制进一步扩展的危险性，在他的领导和组织下，成立了民间的“大学化学实验室主任联席会”和众所周知的“考试联合会”，高效率地开展了有关工作。

在德国著名生物学家海克尔（1834—1919）的请求下，奥斯特瓦尔德于 1910—1914 年出任“一元论者同盟”主席，因为他的哲学体系也是真正的一元论哲学，这与该组织基于科学传播一元论世界观的宗旨不谋而合。在 1911 年于汉堡召开的第一届国际一元论者会议上，他以《科学》为题发表了讲演。他说，科学是一个具有自组织功能的巨大系统，对人类精神发展有不可估量的作用，而宗教看来要走下坡路。他 1913 年还在维也纳做了《一元论是文明的目标》的讲演，他撰写了《一元论者礼拜日说教》，并编辑了一元论者同盟机关刊物《一元论的世纪》，坚决斥责教会伪造科学的企图，宣传无神论思想。这些出版物越出了国界，赢得了广大的读者，为此沙俄政府在 1912 年下令把它们列为禁书。不幸的是，他在建立一元论者移民区的尝试中失败了，损失了他相当大一笔积蓄。他在创办“桥梁”事业中也赔了本，这项事业的目标是为智力工作和文化工作的组织和结合创造一种中枢神经系统。

1913 年，奥斯特瓦尔德越出了一元论者同盟的范围，积极推动退出教会运动。他在一元论者同盟内组织起“退出教会者委员会”，并与其他反教会组织联合行动，不仅就退出教会的法律问题，而且就集体退出和与教会势力进行斗争的政治目标制订了行动方案。他大声疾呼：“现在，教会不仅不是世纪的文化的责任承担者，而且是对文化的压抑。”“退出教会是 20 世纪文化的第一步，是顺理成章的一步。”正是这个行动，促成了他和德国社会民主党人的直接联系。他与德国社会民主党国会议员佩乌兹过从甚密，与李卜克内西一起参加群众游行和集会。奥斯特瓦尔德说他参加了一个“在政治上左到了极点”的运动，为此反动分子给他送了“红色秘密谋士”的绰号。

奥斯特瓦尔德积极参与国际和平运动的会议（1909—1911），谴责战争是“滥用最坏一类能量”。他鼓吹和平主义，抨击反犹太主义。但是在第一次世界大战（1914—1918）爆发后，由于他不懂得战争的帝国主义性质，他的狭隘的“德国魂”膨胀为明显的民族沙文主义。1914 年 10 月，德国科学界和文化界在军国主义分子操纵下，发表了一个为德国侵略暴行辩护的“文明世界宣言”，包括奥斯特瓦尔德在内的 93 位知名人士在上面签了名。战争的进展和结局教育了奥斯特瓦尔德，他放弃了自己的错误立场，并在反对把人类推向战争边缘的运动中采取了一些实际步骤。

战争使奥斯特瓦尔德苦心经营的一元论者同盟以及其他事业土崩瓦解了，也使他不少善良的愿望和真诚的梦想破灭了，但是战争并未使奥斯特瓦尔德的大脑停止创造性的活动。作为一位技艺娴熟的风景画家，正如我们在《画家信函》中看到的，这促使他决心研究绘画艺术乃至美学的客观科学基础。他从事颜色学的研究无疑有三个原因：创造出明晰的概念和新颖的理论，成功地重返他擅长的实验工作，满足他的艺术天性。他的目标是，使任何一个人在世界任何地方都能复制出任何确定的、所需要的物体颜色，倘若他知道度量的规则和选择的标准的话。从此，成功地探寻物理、化学世界和谐的活跃的精神，又在美的王国里漫游。在战争的年代里，取暖的燃料日益匮乏。年迈的奥斯特瓦尔德把热水袋捆扎在双脚上，坚持在寒气袭人的实验室工作（这无疑是贤惠的妻子想出的好办法，它还真具有奥斯特瓦尔德的实验天才的味道）。对于这样一个沉浸在科学和艺术王国里的研究者来说，严寒和种种不便又算得了什么呢！

奥斯特瓦尔德从颜色标准化开始，对颜色进行了系统的研究，提出了定量的颜色理论，并在他的实验室生产了颜色试样和染色物质。他把白－灰－黑连续包括在非彩色中，接着确定纯灰色，并借助他自己制造的象场分割取景器的光度计确定灰色标度。他引入了纯色、非纯色和全纯色的新概念，并针对包括所有可见光谱波长之半的混合比引入术语"半色"。为了度量物体的颜色，他使用了等色调三角和色调环。为了确定色调，他制造了偏振混色器。于是，"颜色的世界就从属于测量和数目的控制之下"。为了达到色环和着色体的标准化，奥斯特瓦尔德发表了《色图集》（1917）和《色标图集》（1920）。

他进而由颜色的标准转向颜色的和谐。因为他按人的感受特征选择他的颜色标度，即色标尺是按对数分等级的，所以他能像在音乐中那样构造和声（和谐）。他在《颜色的和谐》（1918）、《论颜色》（1921—1926）和《形式的和谐》（1922）中提出了自己的观点。他认为美是和谐的关系，而和谐关系则是根本规律的具体体现。他从德国生理学家韦伯和心理物理学创始人费希纳的工作中获得了灵感，通过做形式和颜色的实验，他深信，的确存在着和谐的规律，即规律之美。奥斯特瓦尔德希望自己的颜色学研究能获得诺贝尔物理学奖，有人认为这种想法是绝对有道理的。

奥斯特瓦尔德晚年对科学史的兴趣更浓厚了，他在一生的最后几年写出了《奥斯特瓦尔德自传》。这部分三卷、洋洋洒洒1200页的书是一部伟大的文化史。在书中，他以敏锐的眼力、温暖的心扉、明快的格调，展示了跨越一个世纪的西方文明国家的精神史，描绘了他所在时期的世界第一流的科学家、思想家、政治家的言论和风貌。他认为，科学史能使人们向前辈学习更经济地、系统地解决现存的问题。他正确地觉察到，实现这一目标的最恰当的途径是通过科学的组织工作。他强调："有组织的活动，这是 20 世纪的重大任务。""在当前的环境中，我们必须把组织者看得比发现者更重要。"他幻想一个有组织的、由科学引导的人的世界；科学的明确阐述和精密研究将消除偏见和迷信的邪恶。在向新发现和新观念的各种领域迈进中，奥斯特瓦尔德也许感到，他的生涯与他心目中的英雄歌德的生涯具有某种类似性。他后来的工作内容和风格，都是由他在少年时代对内心世界和外部世界的经验和感受决定的；而歌德的诗的形式和内容，也是在年轻时就萌动的。难怪奥斯特瓦尔德在弥留之际写下了他的最后一部著作——《歌德·先知》(1932)。

1932 年 4 月 4 日一个星光闪烁的春夜，威廉·奥斯特瓦尔德在莱比锡城平静地、安详地去世了，终年 79 岁。一个活跃的大脑停止了思维，一颗天才的巨星殒落了。他生前留下遗嘱，把全部房地产捐赠给德国科学院。后来，他的乡间宅第便以"格罗斯博滕威廉·奥斯特瓦尔德档案馆"闻名于世。

在 1933 年 1 月 27 日的纪念讲演中，唐南对奥斯特瓦尔德做了这样的评价："在他的一生中，新思想没有一刻不在他的头脑里喷涌，他的流利的笔锋没有一刻不在把他洞见到的真理传播到光亮未及之处。他的一生是丰富的、充实的、成功的，他尽可能最大限度地使用了他的旺盛的 energe (精力、能量)。在科学上，在哲学上，谁也无法获得绝对真理，因为思维、研究和发现的巨流永不休止地奔腾着。我们可以怀着深深的真诚和敬意说，威廉·奥斯特瓦尔德为伟大的事业进行了持久的、勇敢的奋斗。”班克罗夫特作为奥斯特瓦尔德的一位最喜欢挑剔的美国学生，尽管不同意他的导师的一些观点，但仍然在1933年坦率地写道：“他是一个伟大的人，他做出了伟大的工作，其他人不会做出像他那样的工作的。奥斯特瓦尔德确实是一位名副其实的人。他比当代任何化学家都受到更多人的爱戴和尊重。”

奥斯特瓦尔德也受到有些人的严厉批判和指责。列宁在《唯物主义和经验批判主义》（1909）中虽然承认奥斯特瓦尔德是“伟大的化学家”，但又认为他是“渺小的哲学家”，并给他扣上了“反动的哲学教授”“神学家手下的有学问的帮办”的帽子，甚至骂他是“糊涂虫”。在综观奥斯特瓦尔德一生的所思、所言、所作、所为之后，大概每一位有自主意识和独立思考能力的读者都会做出自己认为公正的判断。

（作者：李醒民）

罗素

当代的大思想家

伯特兰·罗素

（Bertrand Arthur William Russell，1872—1970）

对爱情的渴望，对知识的追求，对人类苦难不能遏制的同情心，这三种单纯但无比强烈的激情支配着我的一生。

——《罗素自传》

罗素是20世纪声誉最著、影响最大的哲学家之一。他的学术研究及著述以哲学为中心，并广泛地涉及数学、物理学、历史、政治、教育、宗教、社会学等方面。这个举世闻名的学者，并不是一个把自己关在书斋中不问世事的人。正相反，从青年到老年，他始终积极投入社会活动，热心于把理论付诸实践。

一、在彭布罗克邸宅中

伯特兰·罗素1872年5月18日生于英格兰蒙默思郡特雷莱克。当时正是维多利亚女王统治下大英帝国的全盛时期。

罗素2岁时，姐姐和母亲先后患白喉病故。一年半之后，身体素来虚弱的父亲也去世了。这样，4岁的伯特兰和哥哥弗朗克就被带进维多利亚女王赐给他祖父的里奇蒙园林的彭布罗克邸宅中。

罗素家族是自都铎王朝以来就对英国社会生活起突出作用的贵族世家。他的祖父约翰·罗素伯爵是著名的自由党人，曾两度出任英国首相，不过这时已经是八十开外的老人，不久之后也去世了。

罗素就在祖母的照管和教育下成长起来。

祖母笃信宗教，家庭生活极为严格。每天早晨 8 点全家祈祷，每周按时上教堂，每天冷水浴，好吃的东西即使有的话也是待客或大人吃。在这种清教徒的教育下，他经常默想自己的罪恶、缺点和愚蠢之处。说来也怪，小时连甜食及水果都不大吃的罗素，后来居然体质很强，几乎活到 100 岁。

罗素的家庭教育也有积极的一面：他经常在饭桌上听到自由主义观点，对于帝国主义殖民政策的抨击和非议。这对他一生坚持激进的自由主义观点绝非没有关系。祖母那种具有独立主见、不怕舆论的坚定性格，对他也有极大的影响。12 岁时，祖母送给他一本《圣经》，上面写着："不要追随多数人去做坏事"，"要坚定，要有勇气，不要气馁……"。罗素的一生正是敢于坚持自己的意见、不怕孤立、从来不悲观失望的战斗的一生。他对自己家族的历史也有自己的看法，他最佩服被詹姆斯二世送上断头台的远祖。这充分显示了罗素从小就具有自由主义和反抗精神。

按照祖母的意愿罗素在家里受教育。外籍的保姆和教师教会他德文、法文、意大利文，这对于他后来的研究工作极为有用。不过，他由于缺少同龄游伴，精神上感到孤独寂寞。他经常在荒凉的大花园里独自散步冥想，很小就追求确定无疑的知识。他听说地球是圆的，就去打个地洞看看是否能到澳洲。这些事情当然没有成功，但使他感到许多知识都是值得怀疑的。

11 岁时，哥哥教他欧几里得几何学，在他面前打开了一个全新的世界。一开始，定义没有问题，但是公理却使他很失望。最初他不愿意接受这些公理。但是，哥哥说，要是不承认这些公理就讲不下去了。他想要知道后面的东西，只好勉强承认。可是，对于数学前提的怀疑却决定了他后来的工作的方向。从那时起一直到他和怀特海完成三卷巨著《数学原理》，数学一直是他的主要爱好，也是他幸福的主要源泉。

罗素的科学知识是由他叔叔洛鲁零零碎碎教给他的。他叔叔认为科学反映了神的伟大，可是富有独立思想的罗素，很快就发现科学与宗教的矛盾。在他 16 岁时所写的日记中，他用希腊文写下了自己对宗教的怀疑和批判。

在祖父的书房里，他读了大量的文学和历史著作。他后来写了不少历史书和他有广泛的历史知识是分不开的。而他的散文清晰、流畅、引人入胜，正是少年时期阅读大量英国文学的结果。

二、剑桥时代

1890 年 10 月，罗素考入剑桥大学三一学院学习。剑桥大学的自然科学和哲学传统，给罗素提供了一个把自然科学和哲学结合起来的良好条件。在剑桥大学，他感到生活在一个理性被奉为神明、智慧被视为美德的世界里，他快乐极了。

大学教授和讲课并没有对他产生什么大的影响，而自学和交流却对他影响极大。

1892 年罗素被吸收到剑桥的一个不公开的小团体中。它的成员管它叫“协会”，外人管他们叫“使徒”。这个非正式的小团体自 1820 年成立以来，一直吸收大学中著名的聪明才智之士，平均每一年级只有一两个人参加。这是一个小小的讨论会，每个星期六晚上开会，一直讨论到午夜。第二天吃过早饭，到乡间漫游，接着讨论。在这种自由讨论中，罗素结交了一批有才能的朋友。像数学家兼哲学家怀特海、哲学家穆尔和麦克塔格特，以及后来的著名经济学家凯恩斯等。这位缺乏社交经验的腼腆的贵族青年，各方面很快成熟起来。不久，他就发现剑桥大学许多最优秀人物都喜欢听他发言。在家里不准抽烟、喝酒的罗素，从这时起已是烟斗不离嘴边了。

大学三年级以前，罗素主修自己心爱的数学。但是，他对讲课很不满意，他发现老师许多证明都错了。他对于数学的基础问题极感兴趣，而当时的教法就是一个习题接着一个习题。他觉得数学不过是一些技巧，为的是应付考试。这些诀窍同字谜之类游戏又有什么不同呢？虽然在三年级终了时他以优等成绩通过了荣誉学位考试，但是，他发誓不再念这种数学。于是，他把几乎所有的数学书都卖掉了，最后一年他转修哲学。

进大学之后，他对哲学就很感兴趣，不过那时他主要读的是穆勒的书。后来，别人告诉他德国古典哲学特别是康德和黑格尔要比英国经验主义哲学家和穆勒高明得多。当时，英国正处于新黑格尔主义兴起时期。1893 年，牛津的布莱德雷出版了他的主要著作《表象与实在》，引起极大的轰动。事物、时间、空间统统不过是表象，是零散的和矛盾的，而实在不过是唯一的无所不包的、无处不在的“绝对”。罗素在麦克塔格特等人的影响下，成为黑格尔和布莱德雷的忠实信徒。他如饥似渴地钻研他们的著作，吸收他们的思想，觉得黑格尔的哲学既漂亮又能够证明。毕业时，考试优等，于是，他准备献身于哲学。因为他觉得哲学能够求得十分可靠的知识，又能对他的宗教思想指明一条出路，他准备像黑格尔那样完成一套哲学体系了。

正在他要实现他的伟大目标时，爱情闯进他的生活。早在进大学之前，他就认识一位来自美国费城的姑娘艾利丝。两人一见钟情，每年都在一起度假。罗素毕业那年同这位比他大 5 岁的漂亮姑娘订婚，遭到家里人的激烈反对，因为罗素家族世世代代都同贵族联姻。但他仍于同年 12 月与艾利丝结婚，接着到德国度蜜月，并准备他的论文《论几何学基础》。

罗素一生中主攻方向经常变化，而且他对于各方面广泛的兴趣也常常使他同时干许多事。1895 年，他主要的兴趣——哲学和数学并没有妨碍他在柏林研究马克思和社会主义学说。他第一本著作《德国社会民主主义》就是这些研究的产物，书中称赞《共产党宣言》是一部极富文采的伟大著作。

罗素在德国参加了许多工会的集会，并且仔细读完《资本论》三大卷。英国驻德大使的夫人是他的表姐，知道他仍参加社会民主党人的活动，不愿同他再来往。而罗素夫妇倒乐意同倍倍尔、李卜克内西等人来往，对社会主义的理论和实践进行全面的考察并形成自己独立的见解。

1895 年，罗素完成了他的第一篇数学基础的论文《论几何学基础》，这也是一篇哲学论文。这篇论文使他得到剑桥大学当研究员的资格，从而在以后 6 年中专搞研究而不必担任教课及其他任务。

这篇文章是用康德哲学精神来处理非欧几何及其他几何的。康德认为，空间是先验概念，欧几里得几何中的公理是先验综合判断。19 世纪 20 年代到 30 年代，非欧几何及投影几何出现，康德的说法就出了问题。罗素为了修补康德的说法，认定这些几何中某些公理是先验的。不过，这种补救并不成功。在这方面，希尔伯特在 1899 年出版的《几何学基础》才真正解决问题。

1897 年，他把这篇论文修订出版，成为他第一部哲学著作。

他在德国旅行时，学习了先进的德国数学，柏林的大数学家维尔斯特拉斯搞分析根本不用无穷小量。同时，他学习康托的著作，开始他由于不懂，觉得康托可能全证错了，后来他完全明白了，发现是自己搞错了。他重新读黑格尔的《大逻辑》，发现黑格尔所讲的数学完全是胡说八道，康德的数学也不对头。特别是他在穆尔的影响下，认为普通的世界的实在性不能放弃。这样，罗素背弃了绝对唯心主义转向实在论的哲学立场。他认为，否定关系的实在性也就否定了许多事物的实在性，这样使得任何一种数学的哲学都无法实现。后来罗素说："他（穆尔）发现黑格尔哲学不能用到桌子椅子上面，而我发现它不能用到数学上面，在穆尔的帮助下我从它上面爬下来回到常识……"这使罗素产生一种从监狱中逃出来的感觉。

现在，康托和维尔斯特拉斯，再加上非欧几何已经证明康德和黑格尔关于数学知识的理论都是错误的，于是罗素必须找出一个正确的理论。1900 年，他已经得到这样的见解，即数学是逻辑的高度发展的形式。但是他不知道，德国的弗雷格早已经有同样的看法。

三、《数学原理》

1900 年是罗素的精神生活的转折点。1900 年 7 月，国际哲学家大会在巴黎召开，他在会上见到意大利数学家皮亚诺。会前，他已经读过一些皮亚诺的著作，但是，当时他没有完全掌握皮亚诺所发展的符号逻辑的体系。在会议的讨论中，他发现皮亚诺比别人都更加严格，在辩论中永远占上风，于是逐渐认识到这必定是由于他的符号逻辑。通过潜心攻读皮亚诺的著作，罗素发现这个体系正好是他寻求多年的、可以进行逻辑分析的工具。他很快就掌握了这个工具，并把这种方法推广到关系逻辑上。

9 月的日子，他感觉分外晴朗，他和怀特海一起天天讨论数学的基本概念，像基数和序数等，多年来的问题好像一下子解决了。10 月一开始，罗素就坐下来写《数学原理》。三个月如一日，每天写 10 页。到 19 世纪最后一天，20 万字的手稿大功告成了。

20 世纪到来了，罗素和怀特海开始合作写三大卷的《数学原理》。这简直是难以想象的巨大的工作，其目的就是从逻辑推导出全部数学来。一切工作进行得很顺利，可是到 5 月份出现了大问题。

康托曾经证明过最大的基数不存在。罗素觉得世界上所有对象的数目应该是最大的数了。这样，他就发现其中一定有些矛盾。一开始他觉得这事也许没什么大不了，结果却无法克服矛盾，于是出现数学中的最重要的悖论——罗素悖论。

我们说，一些对象称为一个集合，这些对象称为集合的元素。比如说所有偶数，…，−2，0，2，4，6，…构成一个集合，−2，0，

2，…都是这个集合的元素。有的集合的元素也是集合，比如说，所有整数集合的集合。大多数集合不是它本身的元素，比如说猫的集合不是猫。那么，考虑集合不是它本身的元素的这种集合 X，所有的 X 构成集合 A。这就可以推出，如 A 是 A 的元素，根据 A 的元素的定义，A 不是 A 的元素，反过来，如果 A 不是 A 的元素，则 A 属于 A，也就是 A 的元素。这样得到 A 是 A 的元素当且仅当 A 不是 A 的元素。这个矛盾就称为罗素悖论。

罗素悖论发表之后，整个数学界大为震动。集合论是数学的基础，基础动摇了，数学的可靠性就成了问题。于是，许多数学家想出各种办法解决这个矛盾。

罗素把这一悖论告诉弗雷格，弗雷格说，“算术的基础动摇了”。弗雷格把算术还原成逻辑，最后仍不能完成。这个矛盾一直到 1906 年罗素发展了“类型论”才解决。“类型论”也是他对数学的主要贡献之一。从 1906 年到 1910 年，罗素花了几年时间辛辛苦苦地写完《数学原理》。

在写作过程中，由于怀特海有数学任务，主要的工作都落在罗素身上，他每天要干 10 到 12 小时，手稿越来越多。他外出时总怕房子失火把手稿点着。最后叫了一辆四轮马车将手稿运到出版社。这时，麻烦还没有完，因为这本书肯定没有销路，符号太多又难排，估计要赔 600 英镑。大学愿意付 300 英镑，皇家学会付 200 英镑，还剩下 100 英镑要自己解决。罗素和怀特海十年工作的结果就是每人赚得负 50 英镑！不过这部著作为他赢得了名声。1908 年他被选为英国皇家学会会员，1911 年被选为亚里士多德学会会长。

《数学原理》在当时可以说是逻辑的一次大革命。自从亚里士多德的时代起，形式逻辑从来没有这么大的进步。在 20 世纪二三十年代，许多数学家、逻辑学家、哲学家就是通过读这本书而完成自己的重要工作的。

罗素完成了《数学原理》之后，深感松了一口气。这时（1912）奥地利人维特根斯坦（1889—1951）由曼彻斯特大学转到剑桥大学听罗素讲数学哲学课。同这位 20 世纪最伟大的哲学家之一的交往结果是 20 年代末期在欧洲哲学界引起革命性的变化。

这时罗素在《数学原理》的基础上，把在该书中使用的符号逻辑方法同他的“摹状词理论”结合起来，这样得到的产物是 1914 年出版的《我们对外界的认识——哲学中的科学方法》。这本书的副标题值得注意。正如他在书中所讲的，以前的哲学有两个来源：一方面是出于宗教和道德的动机，一方面得到当时科学发展的影响，有时这两方面也结合在一起。前者往往成为哲学前进的障碍，后者也不一定促进哲学的进步。因为科学的哲学有两类：一种是只注意科学研究一时的结果（结论），而把它加以一般化的哲学；另一种是并不考虑迟早要修正的科学的具体结论，而从科学的方法本身吸取营养的哲学。他认为前一种科学的哲学迟早要犯错误，必须加以回避。他选择的哲学方向是第二种，也就是运用数理科学方法的哲学。他运用他熟悉的工具——符号逻辑来处理我们对外界的认识，把命题进行分析，复合命题的真假完全取决于原子命题的真假。一句话，他把英国经验主义用符号逻辑的方法模型化。他说：“我所提出的哲学可以称为逻辑原子论或绝对多元论，因为它确认存在多种个别的事物，并否定这些事物构成某种统一性。”这种逻辑原子论的构想，对于 20 年代中期出现的维也纳学派——逻辑实证主义，产生了强大的影响。这个学派的经典性著作是卡尔纳普（1891—1970）在 1928 年刊行的《世界的逻辑结构》，这就是接受了罗素的逻辑原子论的方案而加以发展扩大的结果。

四、第一次世界大战和俄中之行

第一次世界大战使罗素的生活产生了巨大的变化。前一阶段，他主要精力投入学术研究，也参加社会、政治活动。大战的爆发使他觉得好多观念发生变化。1914 年 8 月英国参战，伦敦街头那种战争狂热使他吃惊，也促使他开始为和平而战斗。他积极倡导和平，组织“拒服兵役委员会”。1916 年，罗素为了抗议法庭把依据良心拒服兵役的人判处徒刑写了一份传单。这份传单上没有落名字，结果散发传单的人却被捕入狱。罗素写信给《泰晤士报》声明自己是那份传单的作者，于是他被控告，被判罚款 100 英镑。他没付这笔钱，结果法庭把他在剑桥大学的图书拍卖抵作罚款。不久，剑桥大学三一学院的院务委员会也通过了解除罗素教职的决定。这时他不愿意再做一个搞纯学术研究的人。他深入思考政治问题，在 1916 年出版了《社会改造原理》。他认为，政治哲学基于一个信念，就是冲动比有意识的目的更能主宰人类的生活。他把冲动分为两类：一类是占有的冲动，一类是创造的冲动。有意义的生活大多是建立在创造性冲动上。他认为政府、战争和贫穷是占有冲动的具体表现，而教育、婚姻和宗教则是创造冲动的具体表现。罗素认为，创造力能够自由发挥应该是政治和经济改革的基本原则。这本书原来是他的讲稿，起先并没有打算印成书。想不到这本书竟一鸣惊人，并使他的经济状况有所改善。

罗素从 1914 年 8 月到 1917 年底，一直为反战活动而奔忙。1917 年底，他觉得这些活动一点用都没有，既不能把战争缩短一天，也不能少死一个人。1918 年，英国政府抓住他在反战报纸《论坛报》上发表的一篇社论中的问题，以侮辱盟国的罪名判处罗素 6 个月监禁。罗素被关在头等监房中，没有人来打扰，他认真读书，潜心写作，不仅写了一本《数学哲学引论》和其他文章，更重要的是把思想转向认识论，其结果就是他后来的哲学著作：《心的分析》（1921），《对意义和真理的探究》（1940），《人类的知识：其范围与限度》（1948）。

出狱后不久，战争停止了。欧洲混乱不堪，革命势力发展，法西斯也逐渐兴起来了。有些人寄希望于美国总统威尔逊，有些人寄希望于苏俄。但是，罗素经过长时期孤立之后，虽然看不到出路，却依然相信人们总会认清光明的前途。

1917 年十月革命的胜利震撼了全世界，罗素如同所有进步人士一样，欢呼这个胜利，盛赞列宁的伟大。1920 年春天，苏维埃政府邀请工党代表团访问苏俄，罗素作为非正式成员参加，前后在苏联待了一个月。他们在受到破坏的彼得堡受到隆重热烈的接待，不几天又到了莫斯科。他见到列宁。列宁给他的第一个印象是像个普通老百姓那样朴素可亲，可是一交谈，列宁的革命精神让罗素等人吓破了胆。英国工党当时正考虑加入第三国际，但不赞成暴力革命。

罗素认为，英国有民主主义的传统，是否不用暴力革命也能建成社会主义？列宁回答说："那是空想！"关于农业的社会主义化问题，列宁表示贫农迟早要吊死富农。这一下子使罗素似乎闻到血腥气了！罗素见到高尔基，高尔基告诉他自己如何设法保护知识分子，如何保护文化财富，引起罗素的共鸣，罗素觉得在俄国人中间就数高尔基最好！

通过亲身的观察，罗素写了一本《布尔什维克主义：实践与理论》。他反对暴力革命和无产阶级专政。他认为除议会道路之外，没有通往民主社会主义的道路。这本书反映了他的资产阶级立场观点，但是他在给他的女朋友奥托林的信中写道："我认为（苏维埃政府）是这个时期合适的政府。……布尔什维克的目的就是使俄国工业化，就像美国那样。"

1920 年 8 月罗素携朵拉·布莱克来到中国。当时中国正处于五四新文化运动时期，各种思想极为活跃。在罗素之前，美国哲学家杜威已来北大讲学，产生很大的影响。罗素所到之处也受到热烈欢迎，不仅上层知识分子读他的书，听他的讲演，而且通过各种宣传渠道对社会广大群众也有所影响。他们第一次听到一位英国贵族批判英国帝国主义，第一次发现一个外国人从中国人的视角（不管对不对）考虑中国问题。据说，孙中山说过：罗素是唯一了解中国的英国人。罗素到上海时，孙中山要设宴款待他，但他已安排好动身日程，没能见到孙中山。孙中山不久也去广州主持革命活动。他对孙中山寄予莫大的希望。他第一次同中国人打交道，对中国人的机智和口才颇为赞赏。他说：在长江乘船到武汉那几天，是他这次旅行中最快活的日子。

罗素在北京一个接一个做了多次讲演，其中有《心的分析》《物的分析》《社会结构》《自由之路》《哲学问题》，这些大都先后以书的形式出版，另外还讲了政治及宗教方面的课题。

罗素还以他卓越的演说才能通俗地介绍了爱因斯坦的相对论，对现代科学知识在中国的普及起了一定的作用。更重要的是他在中国介绍了各种社会主义流派，介绍了苏俄和列宁，对中国的思想界产生一定的影响。他曾多次谈道："列宁和爱因斯坦是当代最杰出的伟人。"听他演讲的人，从梁启超到各种社会主义流派以及共产主义小组的成员都有。他在左派师生当中颇受欢迎。

北京冬天的寒冷使他得了支气管炎，在一次到西郊温泉的旅游中，转成急性肺炎，几乎送了命。当时有些中国人曾考虑把他安葬在西湖，作为对这位大哲学家的最高敬意。可是罗素老是开玩笑。他对朵拉·布莱克说："如果你要缺钱，你只需在报纸上登上广告说：'罗素死了，需要钱来埋葬这条老狗。'"大夫多次说他活不久了，最后协和医院的新抗菌血清挽救了他。日本的新闻记者因为见不到他，发出了"罗素逝世"的消息，消息很快传遍世界。可是罗素病了两个多月，居然痊愈了。他很有兴趣地阅读了自己的讣告。

罗素离开北京后到日本逗留几天。他对日本及日本人印象不好，对日本人侵略中国大为愤恨。在英国帝国主义屠杀中国人时，他也是站在中国人一边大声疾呼。这使他在英国和在中国的英国人中极为孤立，人家都说他是贵族的叛徒。这倒是一点也不假。

五、写作生涯

出乎许多人意料之外，罗素在 1921 年 9 月回到英国。这时，他同艾利丝的离婚生效，并同朵拉·布莱克结婚。在以后 10 年间，他写了许多通俗著作，对 20 世纪的科学革命做了热情的宣传。他写了《原子 ABC》和《相对论 ABC》，又写了《科学的未来》。

他近 50 岁时才有小孩，对小孩充满无限的爱。在他写的《社会改造原理》(1916) 以及和朵拉合著的《工业文明之前途》(1923) 两书中都有专章讨论教育。他又在 1926 年出版的《教育论——特别是幼年期教育》中提出一套改革幼儿教育的方案。对自己言论负责的罗素还要实践自己的理论。在朵拉赞助下，他们开办了一所实验学校，这是一所寄宿学校，招收附近小孩，连同他的儿子约翰和女儿凯特在内共有 20 多人。这件事本身就是对当时社会的挑战，这所学校成了新闻记者关注的目标。

这位理论家在实践上毫无经验，结果遇到意想不到的困难。首先是学校经费不足，亏钱太多。由于缺钱，夫妇两人不得不轮流到国外讲学挣钱。两人不在时，教职员就不执行他们的原则，使他们的思想得不到贯彻。可是最大的麻烦是由于错误的宣传和家长的误解，再加上记者的造谣，这个学校被搞得真是声名狼藉了。记者捏造了许多故事，说什么有一个人去叫学校的门，结果一个光屁股的女孩来开门，他大吃一惊喊道："啊哟，上帝呀！"那个女孩一本正经地关上门说："没有上帝！"这次办学失败的经历，他写进 1932 年出版的一本《教育和社会秩序》的书中。罗素在 1935 年同朵拉离婚后，就不再管这个学校了。

1929 年，他出版了《婚姻与道德》，这本书的自由主义观点给他带来很多麻烦。1930 年，他出版《幸福之路》，这本书实际上是他自己的经验总结。这两本书给他带来不小的收入。1931 年，哥哥去世，他成为罗素伯爵三世，但他所继承的只是个空爵位，哥哥给罗素留下一大堆负担。这一阶段，罗素写了一些重要的历史及哲学著作。

1934 年出版的《自由与组织：1814—1914》是一本非常有价值而且生动的书。这本书反映了他的历史观。他认为，历史是许多复杂的因素造成的，它们可以归结为三个方面，经济技术、政治理论、重要人物。书中对每一方面都详加解释和描述，对于马尔萨斯、边沁、马克思、杰斐逊、杰克逊、洛克菲勒、卡内基等人都做了栩栩如生的描写。

另一本书《权力》是 1938 年出版的。这是一本政治哲学著作，中心论题是，对权力的爱好是产生社会变化的主要动力，这是社会科学必须加以研究的。罗素认为，经济需求是有限度的，从而是可以满足的，但是，追求权力是无止境的。他认为应该采取“驯服权力的办法”。

这些书虽然好，可并没有像他当时的和平宣传那样更引人注意。当时希特勒上台，法西斯猖獗，他看到战争的灾祸必将临头，预感到战争的恐怖。因此，他当时的观点仍然是应该不惜一切代价寻求和平。他低估了法西斯的凶残，对当时局势的分析也不准确。比如，他明知希特勒要得寸进尺，可是他还是赞赏张伯伦搞慕尼黑协定，这显然是他的一个错误。

六、战时在美国

1936 年，罗素第三次结婚，娶他的秘书帕特里夏·斯彭斯。1938 年 8 月正当二次大战前夕，罗素全家赴美。他们在美国待了五年半，表面上躲过了战争，实际上是他一生中最不愉快的时期。

到美国以后，他先后在芝加哥及加州任教。1940 年初，他还在加州大学时，纽约市工学院邀请他去讲学，于是他把加州大学的事辞了。可是，纽约市教育局任命罗素任教，引起一个主教的抗议，他根据罗素的著作，说罗素是一个反宗教、反道德的人并且身体力行。由于纽约市教育局不理睬这种反对意见，他们就找到一个布鲁克林的妇女向法院告了市教育局的状。这位夫人的律师是个富有想象力的人，他在诉状中控诉罗素的著作充满了“淫乱”“情欲”，“而且不信神，不敬畏上帝”，“无道德”，还编造了一些荒唐的谣言。因为罗素本人不能出庭为自己辩护，结果法院做出了对原告有利的判决。这样一来，罗素在美国的生活成了问题，没有学校敢聘请他教书，没有报纸杂志敢登他的文章。许多大学者像爱因斯坦、杜威、怀特海等人为他辩护，但无济于事。幸好哈佛大学还没取消邀请他做关于威廉·詹姆斯纪念讲演的聘约。这一讲演的内容以《意义与真理的探究》于 1940 年出版，在罗素的哲学著作中占有很高的地位。

1940 年，哈佛讲演终了之后，罗素一家五口真处于困境之中了。没有工作，又没法回英国。正在这时，费城的一个百万富翁巴恩斯所主持的一个培养艺术史家的基金会，同罗素订立5年的合同，要罗素为他们讲演哲学史。可是好景不长，性格古怪而又任性的巴恩斯在1942年底就借口罗素准备不充分而先行单方面毁约。不久三一学院聘请书到了，罗素于1944年离美返英。这段时间，罗素完成了《西方哲学史》。这本书于1945年出版，成为畅销书。

《西方哲学史》的副标题是“及其与从古代到现代的政治、社会情况的联系”。与过去的哲学史不同，他着眼于哲学与其时代背景的关系。其目的是揭示哲学乃是社会生活与政治生活的一个组成部分，而并不是卓越的个人所做的孤立的思考，既是盛行的某些体系的各种社会特点的产物，也是它们产生的原因。

罗素离开美国之前，曾在普林斯顿待过一段时间。其间，他和爱因斯坦、哥德尔、泡利等人有过许多有趣的讨论和交谈。结果他发现哥德尔是一位地道的柏拉图主义者，显然相信永恒的“不”挂在天上，而积德修好的逻辑学家也许以后能指望去天上碰到它。

七、重返英国

罗素1944年5月冒着德国潜水艇袭击的危险由美国回到阔别5年多的英国。这时，罗素已经是一名坚定的主战派了。他认识到人类文明的存亡和战胜法西斯有密切的关系。

回到英国后讲了两年哲学，又写了《人类的知识：其范围与限度》，这是他最后一部重要的哲学著作，对归纳问题做了更全面的论述。但是这本书在哲学界并没有引起注意，因为当时流行的哲学已经是语义分析派的哲学了。

二次大战结束后，罗素成为红极一时的人物，官方的荣誉纷至沓来。他到处发表演说，宣扬冷战。1948 年，他成为英国广播公司的里斯讲演者，讲演稿以《权威与个人》的书名出版。1949 年他被选为英国科学院荣誉院士，1950 年由英王乔治六世亲自颁发“嘉德勋章”，这是英国的最高荣誉。1950 年底，他荣获诺贝尔文学奖，表彰他所写的“捍卫人道主义理想和思想自由的多种多样意义重大的作品”。具有讽刺意味的是，在所列举的著作中还特别提到了他的《婚姻与道德》。

这位没有因为诗、小说、剧本而得文学奖的作家获奖后，却写起小说来。他的第一部小说匿名发表于 1951 年，并悬赏猜测作者是谁，结果没有人晓得这位 80 岁老翁还有此雅兴。他的小说集《郊外的撒旦》和《伟大人物的梦魇》分别于 1953 年和 1954 年出版。评论者认为，这些作品有 18 世纪讽喻作品的格调，非常出色。

年过 80 的罗素在 1952 年第四次结婚。1953 年大病一场复原后，他又开始社会活动了。他先是觉得，与其在独裁统治下生活，毋宁打一场战争。后来氢弹出现了，他主意变了。他认为与其打一场核战争，不如在独裁统治下生活。他对未来的核战争深为担忧，觉得它必将毁灭全人类。1954 年 12 月，他首先在英国广播公司呼吁禁止核武器。1955 年初，他为了加强这个呼吁，将声明送交爱因斯坦签字，爱因斯坦签字后不久就去世了。这就是 1955 年发表的有名的罗素 – 爱因斯坦声明。后来，他又向各国著名科学家征集签名，召开记者招待会，发表致各国首脑的公开信。为了使活动永久化，他组织了世界著名科学家讨论废除核武器问题的会议。1957 年 7 月，第一次会议在加拿大帕格沃什召开，他因健康关系没有出席。1958 年，他参加第二次帕格沃什会议，并做了热烈的发言。他还不满足只限于知识分子的会议，又进一步组织"核裁军运动"等群众组织，自己担任主席。他后来又搞了一个直接行动委员会，举行了著名的向美军核基地的游行。在这个组织中，激进的罗素与温和派对立，于是他辞去主席职务，拉出一支队伍，成立百人委员会，搞群众性抵抗运动。1961 年，罗素夫妇在英国国防部门前静坐示威，抗议英国发展核武器，结果被警察逮捕，判处两个月监禁。由于医生对这位年近 90 的老人做出健康危险的诊断，他只在医院中被拘留一个星期。

从这时起，罗素的活动更加广泛，他与各国领导人通信，介入各种事件，并开展一系列人权活动，救援苏联的政治犯。

1963 年肯尼迪总统被刺，他不满意沃伦委员会的报告，搞了一个"谁暗杀了肯尼迪"的委员会进行调查工作。

1964 年，他卖掉自己的古书，创立"罗素和平基金会"。这时，美国增兵南越，轰炸北越，越南战争开始。1965 年，他在伦敦大会上对英国工党政府不持批判态度极为愤慨，当众撕掉了自己的工党党证，这时他的工党党龄已超过 50 年了。随后他组织世界名流如萨特、多依切、迪迪埃等人成立"国际战犯审判法庭"，经过两次审判，得出了约翰逊总统有罪的判决。1968 年苏联入侵捷克，罗素对此提出抗议。这时，罗素成为左派学生的偶像，每年圣诞节他都要收到大量贺年片和信件，反映出世界人民对这位活到老战斗到老的战士的敬意。

八、成就及影响

罗素著述之多、涉及问题之广在哲学家中极为少见。他一生中著有 71 种书，论文及其他文章更是不计其数。而且他的思想多变，不成体系，但始终坚持既独立思考又“从善如流”，发现不对就马上摒弃掉。有人说：“众所周知，伯特兰·罗素不是单独一个人，而是一批学者。”不止一个人说过，罗素是 20 世纪最伟大的哲学家或影响最大的哲学家。当代许多哲学流派和哲学家都是受到罗素的影响或以罗素的哲学为出发点的。其中可以特别举出维特根斯坦的哲学、逻辑实证主义、语义哲学以及鲍波尔学派的哲学。罗素对于逻辑学的发展所起的作用更大，而且可以说是他其他方面研究的一个基本出发点。

他对哲学的影响，用他自己的话说叫“哲学的科学化”。在罗素之前，所有哲学体系最重要的问题是本体论问题，像什么是第一性，什么是第二性，是唯心论还是唯物论，是唯理论还是经验论，等等，也就是关于世界本性的理论。但是他认为哲学中有一大部分问题可以化为所谓“句法”问题。后来，逻辑实证主义特别是语义分析学派把所有哲学问题都归结为句法问题，罗素对这点并不赞同，不过他的分析方法却以此为出发点。

他的分析方法第一个应用是“摹状词理论”。比如当人们说“金山不存在”这句话时，就同时肯定金山的存在又否定金山的存在。他要求分析保持住对“实在的健全的感觉”，而不要为了适应各种情况或应付各种困难而把“各种实在”引进来。于是，他找到一种分析带有非实在的或自相矛盾的对象的符号的命题的分析方法。他的方法是区别开两种符号：一种是固有名词，这种记号不依赖其他字或短语即有其独立意义；另一种符号是描述短语，罗素称之为“不完全记号”，它只有和其他符号在一起时才有意义。于是，他的分析方法就是把有描述短语的句子代换成一组互相关联的句子，这些句子具有下面的性质：（1）任何句子不能包含原来的句子，也不能包含任何其他的描述短语。（2）这些句子一起能够传达原来句子要传达的信息。（3）而且要能懂得意思，必须通过认识，知道这些句子中的每一项。比如说“金山不存在”的意思是，“设有一个实体 C，使得当 X 是 C 时，‘X 是金的而且是山’是真的，否则它就不是真的”。

根据这个理论，“存在”只能用来给“摹状词”下断语。我们可以说“《威弗利》的作者存在”，但是说“司各特存在”却不合“句法”。这就澄清了从柏拉图《泰阿泰德篇》开始的 2000 多年来关于“存在”的思想混乱。

他的这种分析方法越来越深入地发展成一般的哲学方法。他把这种分析方法具体而深入地运用到各个领域就得到他的各种理论：作为本体论的分析，应用于抽象的宇宙论问题——罗素称为形式分析，应用于数理逻辑——即所谓逻辑斯蒂，应用于检验科学和日常生活的符号系统——他称之为“构造主义”（不是由直觉主义派生出来的构造主义）。

通过分析的方法，他取消了哲学的根本问题。他认为：心和物只是同一个“中性元素”的不同“结构”；心与物都是由直接材料组成的，两者的区别只在于基本成分的组合不同；物质和精神只是经验的两种不同的形式，精神是直接形式（主观材料），物质是间接形式（客观材料）。

他的哲学中多少稳定的要点可以归结为：

（1）存在着一个不依赖于人类思想的实在世界。

（2）通过哲学分析，我们至少在原则上能够发现，世界怎么可以通过最少的不可约成分来描述。

（3）这种描述可以采取原子命题或其否定的形式。每一个原子命题表示某些个别对象的特殊的原始关系。

（4）我们可以通过逻辑构造造成复杂命题和复杂对象。

（5）不同命题形式同各种事实相对应。从语言的结构可以推知世界的结构。

罗素在逻辑上的成就，用一句话来说就是完成了逻辑数学化的莱布尼茨“纲领”。莱布尼茨以当时代数的符号演算为楷模，希望把形式逻辑变成真正的计算，但是，他只留下一些残篇。后来，许多人进行了部分的工作，特别是布尔、施罗德，尤其是弗雷格。弗雷格曾把逻辑演算提到莱布尼茨所说“符号游戏”的高度，但是他没有发现后来罗素那些灵活性的符号体系——第一个自身有意义的符号体系。这种体系后来称为逻辑斯蒂。它是一个纯粹的形式逻辑，也就是它只讨论“完善的形式”，而去掉那些需要另加说明而引起矛盾的东西。它也是精确的形式逻辑，它不能得出不容许的断定。通过符号对所有逻辑内容进行了精确的分析，解决了几千年来像“存在”这样一类的问题，唯名论和实在论的矛盾，内涵逻辑和外延逻辑的矛盾，等等。由此，逻辑有一个坚实的基础，而且形成一个可扩展的体系。这个体系也是现在的逻辑研究乃至哲学研究、数学研究以及其他研究的出发点。

罗素在数学上的成就是和他在逻辑上、哲学上的研究直接有关的，主要是：

（1）引进罗素悖论，造成数学基础的危机。

（2）发展类型论，作为消除集合论矛盾的一种方法。

（3）与怀特海合著《数学原理》，对数理逻辑的历史发展有不可忽视的意义。

（4）在数学中引进等价类的观念。这个概念是现代数学中最常用的概念。

（5）引进数学哲学的观点。他的数学哲学观点不能完全说成是“逻辑主义”，还有许多其他的比如说柏拉图主义的观点。

罗素除在哲学、逻辑和数学方面开辟新领域、打开新世界，对20世纪思想界有着重大的影响之外，他对宗教的批判，对传统道德的批判，对帝国主义、资本主义、法西斯主义乃至对苏联霸权主义和极权专制的批判不能不说是深刻而且富有预见性的。

1970年2月2日，罗素以98岁高龄在威尔士逝世。在去世的前三年即1967年、1968年、1969年，分别出版了他的自传一、二、三卷。自传以幽默的笔调、坦率的态度回顾了他的一生，其中附有大量信件。

克拉克在他写的《罗素传》中说，论述罗素的书刊文章可以同论述拿破仑的相比，这可能是夸大其词。还有人把罗素比作穆勒和伏尔泰。对于罗素的评价，众说纷纭，莫衷一是。不过，有一点是肯定的，那就是罗素是一个热情的思想家。在他的名著《西方哲学史》中，他曾经把自古以来“理论”一词的含义解释为“热情的动人的沉思”。是的，对真理和知识的追求，对人类命运的理解和沉思，促使他去探索一个又一个的问题，写下一本又一本的专著。在他长达近一个世纪的生涯中，他怀着惊人的勇气和热情，始终坚持独立思考，坦率地发表自己的思想，并且把自己的理论付诸不倦的社会活动。罗素不是一个完人，作为一个资本主义社会中的自由主义者，他犯过错误，但他仍不失为 20 世纪的一个大思想家和闪烁着独特个性光辉的人。

（作者：胡作玄）

恩斯特·马赫

科学家、科学史家和科学哲学家

恩斯特·马赫

（Ernst Mach，1838—1916）

一、“没有天赋”的少年

恩斯特·马赫出生在摩拉维亚。其祖父约翰·约瑟夫·马赫（1782—1806）是个农民。父亲约翰·尼波穆克·马赫（1805—1879）受过高等教育，后来成为住在兹林的贵族巴隆·布莱顿的家庭教师。后来，他娶了约瑟芬·兰豪斯（1813—1869），她热爱音乐、绘画和诗歌，是一个快活而又文雅的女子。恩斯特·马赫 1838 年 2 月 18 日诞生于契尔里兹他的外公家，在图拉斯受的洗礼。

1840 年，恩斯特·马赫 2 岁的时候，他家从契尔里兹迁到维也纳东温特希本布仑的一个孤立的农庄，父亲在维也纳当家庭教师。在这里，他们几乎是过着与世隔绝的生活，很少有客人来访。他和两个妹妹没有玩耍的朋友，有时老保姆给他们讲神怪的故事。尽管如此，他们并不因此而感到有广泛交往的必要，也不觉得孤独和无聊。

在恩斯特·马赫的记忆中还留有他童年生活的残迹。比如，他记得 2 岁时他如何在草地上奔跑，追逐下山的太阳；当他握着将要萌发的有弹性的植物种子时，它突然像一个活东西开放，像一个活的动物夹住他的手指时，他是如此害怕和惊奇。3 岁的马赫曾经被视觉问题困扰，他不能理解为什么在近处的东西移到远处，看上去会变小。四五岁时父亲带他到维也纳，当他登上城墙往下看时人都变小了，他也感到非常惊奇。有一次，保姆带他去给邻近的一个磨坊主人送信，磨坊的直立的风车在风力的推动下转动，使他又吃惊又好奇。他出神地看着车轴的齿轮如何带动磨盘的齿轮转动。风车和机器迷住了马赫幼小的心灵。后来那个聪明的磨坊主人还制造了一台平式风轮风车。在马赫看来这个不会因风向改变而停下来的风车，比他最初看到的那个风车好懂多了。机器和机器零件充满了童年马赫幼稚的头脑。马赫后来在研究康德关于因果概念的时候，常常回忆起这些童年的经验。他写道："这个印象把我的幼稚的思想从信仰奇迹的暗昧阶段提高到因果思想的水平。从此，我不再把我不理解的东西看作背后有什么神秘物存在……"

马赫 7 岁时，他的父亲开始引导和培养他热爱科学，带他做些简单的实验。有一次父亲拿了个空花盆问他里面有什么东西，他说"没有什么"。于是爸爸用一个软木塞堵在盆底中心的小孔上，然后让他把这个盆子推进一个水桶里，当花盆被压进水中一段高度时，那个软木塞突然冲出。恩斯特·马赫就是这样在父亲的引导下做实验的。他也常常自己设计一些实验，但总不够小心。例如，有一次他实验樟脑能否燃烧，结果烧了眉毛。马赫对数学很有兴趣，在父亲的指导下，他不久就能自学了。8 岁时，他的代数知识已超过父亲的一些 14 岁的学生，他能跟着他们一起正常听课。

1847 年，马赫被送到希登斯梯顿的本奈迪克多僧侣主办的一个中学初级班学习。然而，这个 9 岁的孩子学习希腊语和拉丁文有困难，对于"敬畏上帝乃是智慧之端"之类的格言毫无兴趣。他唯一有兴趣的课是地理课，从此欧洲大陆的地形一直深深地印在他的脑海中。但是，这个教会学校的教师认为他“没有天赋”，劝告他的父亲说，这个孩子不适于研究学问，应该让他去学一门手艺或者一种行业。于是，他父亲只好把孩子带回家，亲自教给他中学的课程。

博学的父亲在家里给他讲授拉丁文、希腊语、历史、初等代数和几何原理等。当他进步慢的时候，他父亲就对他大喊“挪威头脑”或“格陵兰人的头”。只是在阅读古典作家的作品时，这些古代语言才激发起他的兴致，马赫在理解和翻译原文方面竟达到了熟练的程度。后来多年讲授古典语言的威廉·耶路撒冷说：“多么令人惊奇，物理学家马赫在掌握古典语言上比许多专家都好！”

马赫上午听父亲讲课，下午有时间就去干农活。他自己后来说，这种经历使他懂得了“对体力劳动者应有的尊重”。恩斯特·马赫的父亲是个“自由思想者”，他也通过父亲的授课接受了这种观点。父子二人对奥地利 1848 年革命失败后的教会反动统治感到“压抑”。少年马赫心目中的理想国家是美国。他曾请求父亲允许他去学木工，以便他迁居到美国时有一门手艺。父亲应允之后，每星期有两个整天，他在邻近的一位熟练的木工师傅那里学习，这样他学了两年多光景。他后来还常常回忆那段有益的经历：“晚上疲倦的时候，坐在散发着香味的木堆上，设想未来的机器，如飞机之类的东西。”他认为当年学木工得到的经验使他学会了如何对辅助工作的成绩做出正确的评价。

1853 年，15 岁的马赫，这个天真快活的少年，进入在克罗梅日什的一所虔敬派僧侣主办的中学高年级学习。他对那些枯燥乏味的王朝更换和战争没有兴趣，对那些没完没了的宗教祈祷训练有些反感。让他感到最愉快和尊敬的是他的博物学教师，因为他给他们讲让·巴蒂斯特·拉马克的进化论和康德－拉普拉斯宇宙形成论。当时受到的最大的鼓励不是来自学校，而是他父亲的藏书。父亲的藏书中有一本康德的《未来形而上学导论》，15 岁的马赫如饥似渴地阅读了它。这部著作给他留下了深刻的印象，使他对认识论产生了兴趣。马赫强调，他的自然科学思想和心理学思想，都是受康德这部著作启发的："虽说我不墨守康德的思想，但是我仍然感激他所给予我的启发，这种启发也引导我对力学进行历史的批判的研究。"

两年后，马赫中学毕业了，这时他也不再想去美国了。他的家迁到邮高斯拉维亚附近，他的父亲在那里经营丝蚕饲养兼做临时家庭教师。1869 年他的母亲去世，他的父亲活到 1879 年。

二、四十年科学实践

1855 年马赫进入维也纳大学，学习物理和数学。他的老师冯·埃廷豪森（1796—1878）是维也纳物理研究所的领导者多普勒（1803—1853）的继任人。在他的指导下马赫成为一个熟练的实验物理学家。他制造的一个消色差双物镜给他带来最初的科学声望。1860 年，22 岁的马赫通过中世纪式的大学毕业考试并获得了博士学位。大学毕业后，马赫先是做家庭教师维持生活，"在这种令人沮丧的情况下"取得了大学编外讲师的资格，但"不晓得下一年将何以为生"。当初毕业时，他本想到在哥尼斯堡的物理学家弗兰兹·诺伊曼手下从事研究工作。但是他当时没钱买走在维也纳的称心如意的实验设备，这迫使他先去解决两个问题：第一，当一个有报酬的讲师；第二，想办法购买廉价实验仪器。整个 1861 年他向维也纳医学的学生讲了《医学大学生物理学》和《高级生理物理学》，表现出他是一个很好的教师，得到了应有的报酬。1862 年夏季，他做了一个题为《历史发展中的力学原理和机械论者的物理学》的讲演。这是他以后写的那本力学史的书（1883）的前身。

这时，马赫还产生了把物理学应用于生理学和心理学的兴趣。其原因有几个：首先是费希纳（1801—1887）1860 年出版的《心理学基本原理》一书吸引了他，其次是物理学家亥姆霍兹（1821—1894）和杜博依斯－雷蒙德在生理学和心理学方面的引导工作，最后是那时在维也纳生理学的研究特别盛行。马赫特别被冯·布吕克（1819—1892），一个脑生理学家、亥姆霍兹的助手的讲演打动，就在这方面进行了研究并很快获得了成果。1862—1864 年，他做了关于这方面的一系列讲演，特别是关于亥姆霍兹的最新的听觉声学发表的一系列讲演。这些讲演有一些在杂志上发表，并且在后来以《亥姆霍兹音乐理论引论》为题出版了一本书。这本书没有得到专家的承认被置之不理。他对生理学实验产生了兴趣并认为有可能取得进展以后，就不再想去诺依曼那里了。

马赫从这时起就表现出他是一个富于实践精神的科学家，在做一个编外讲师的艰苦条件下坚持研究。他最初的一些实验是相当成功的。在他的老师埃廷豪森的鼓励下，为平息关于多普勒理论的争论，他设计并建造了仪器，于 1860 年进行多普勒理论的实验研究。

同年，当马赫读了费希纳 1858 年的论文和 1860 年的书中关于计算感觉的“韦柏—费希纳定律”公式，他进行了费希纳对数率的实验研究。这年，他还进行了显微照相术、几何光学的研究。1861 年，他又从事精神上的痛苦的知觉敏感性的研究。1862 年，他又改进血压测量设计和液体的分子行为的实验研究。1863—1864 年，他改进并超过亥姆霍兹在声学和耳朵结构方面的实验研究。

这期间马赫结交了两个朋友。1862 年，他认识了工程师约瑟夫·波珀－林扣斯（1838—1921）。他是马赫的第一个也是长期的哲学同盟者。1863 年，马赫结交了新闻记者和音乐评论家库尔克（1831—1897）。同马赫以后所交往的“自由思想”的朋友们一样，他俩都是犹太人。

1864 年至 1867 年，马赫在格拉茨教书和研究。1864 年，他被授予了奥地利格拉茨大学数学讲座的职位，后来又增加了物理讲座。他“很快就摆脱了当讲师时的那种贫困生活，开始进行工作而不再为挣钱糊口费心思了”。他专心致志，充分进行科学研究。三年当中，他讲了几门课程：数学、物理学、生理学和心理学。他讲授的《心理学基础》吸引了许多听众，包括大学教授。这三年期间，他出版了 3 本书，发表了 27 篇论文，关于感知觉方面的论文大约在这个时期开始发表。这期间最重要的发现是后来被称为“马赫带”的生理现象。

什么是“马赫带”呢？马赫发现，一个带有不规则的锥形黑色缺口的白色圆盘在旋转时，形成明暗分明的两条色带，而不是如所想象的那样，亮度连续变化。在 1865 年至 1868 年之间，马赫写了研究这一现象的 5 篇文章，认为这奇怪的带反映了神经抑制，不是完全“主观”的印象。不幸，他的这个神经“抑制”假说，由于当时不能被人们理解而被忽视近 30 年，直到 1890 年，一些科学家又独立地重新发现了这些带。温德是他们之中的第一个。当他偶然地知道了马赫的工作时，他承认马赫的优先权，将其命名为“马赫带”。至今还有以“马赫带”为题名的专著出版。

马赫在心理学方面的贡献，除“马赫带”以外，人们还常常把第一个认识到格式塔性质归功于他。当 1890 年冯·埃伦费尔斯发表《格式塔性质》一文时，马赫说他自己早在 1865 年就已经在费希特的杂志上（第 46 卷）给出了这方面的主要思想，即经验的整体不只是等同于知觉的部分之总和。1967 年出版的帕特里克·卡普雷塔的心理学著作似乎承认马赫是格式塔心理学的先驱。

在格拉茨这三年，马赫同费希纳和伊曼纽尔·赫尔曼（1839—1902）的交往对他有重要意义。费希纳的哲学和心理学思想，极大地鼓舞了马赫写一本心理学的书——《感觉的分析》，并奉献给这位莱比锡大学教授。两个人的会见使他们之间的通信增加，而费希纳反对马赫的某些观点又使得他们的通信中断。马赫搁置这部手稿达 20 年之久。在这段时间，他细心研究了费希纳的不同意见。伊曼纽尔·赫尔曼是个经济学家，他的见解启发了马赫去建立他的“思维经济”学说。马赫在一篇文章中写道：“政治经济学家伊曼纽尔·赫尔曼，依照他自己的专业，探求各类领域的经济要素，在 1864 年与他的交往使我习惯于把研究者的智力活动叫作经济的。”

1867 年春天，马赫同卢多维卡·马露西（1845—1919）在格拉茨结婚。同年4月到布拉格，任布拉格大学实验物理学教授，一直到1895年。他们生了4个儿子和1个女儿。长子路德维希·马赫（1868—1951）后来成为他科学工作的合作者。三子海因里希·马赫（1874—1894）专攻化学，获博士学位不久，因服安眠药过量而死去，给恩斯特·马赫带来很大的悲痛。1867—1879年间，他出版了4本书，发表了62篇论文。这些研究大多数是科学的课题。他的著作《光－声研究》（1873）、《运动的色调变化对多普勒理论的贡献》（1874）、《动觉大纲》（1875）都是关于实验工作的著作，其中关于运动感觉的比较重要。但是《能量守恒定律的历史和根源》（1872）一书中哲学和科学一样多，因此马赫才第一次作为哲学家进入学术界。

马赫在物理学方面最著名的贡献是在声学方面有关冲击波的工作。1881年马赫去巴黎参加国际电气展览会，一个偶然的机会，他听到比利时迈耳逊的一个报告。这个报告提供了一个关于炮口喷出的压缩空气的爆破冲击的破坏作用的理论。回到布拉格之后，马赫就想建立一个实验检验迈尔逊的理论。当时，他对于解决这类问题已积累了相当丰富的经验，特别是在弹道学方面有关抛体速度及其在运动中拍照问题。1884年，马赫的第一个重大努力是从拍摄飞弹、声波、电火花波和抛体冲击波四类不同速度类型的照片入手的。1886年7月10日，马赫终于给奥地利科学院两张成功的抛体冲击波照片。1885年马赫发表的重要的论文，第一次用了我们现在称之为“马赫数”的表示。它是一个比例，即用声速去除流速。这个比例不久就被许多科学家采用。给予“马赫数”这一名称的是阿克莱特教授，他在 1928 年的一篇文章中使用了它。

三、卓越的科学史家

马赫是一个卓越的科学史家。他关于力学史、热学史、光学史以及能量守恒发展史的著作是研究科学史这门学科的重要文献。可以说，至今也没有任何一部科学史著作能收到像他的《发展中的力学》启发爱因斯坦创立相对论那样的显著成效。

马赫研究科学史和他的教学经历有密切关系。马赫不但是个科学家也是一个出色的教育家。1879—1880 年和 1883—1884 年他先后在布拉格大学及布拉格大学分为德语和捷克语两校后的德语大学任校长，著有《医学大学生物理概论》（1863）、《中学低年级自然科学教科书》（1886）和《大学生物理学教科书》（1891）等广为流传的物理学教材。他编辑过教育杂志，也热衷于普及教育，并在奥地利贵族院讲演，提倡成人教育。在大学讲课，他把历史的叙述方法作为最简单易懂的叙述方式来使用，而抽象的概括在他看来则揭示了“认识论的经济动机”。他把科学看作普遍的生命现象和进化现象的组成部分，论述了生物学上经济认识论的特质。因此，他提倡用历史的方法教科学。他认为应该阐明现代理论的逻辑发展，而不仅仅是介绍历史上个别科学家的特殊作用的历史事实，这样，通过对历史的分析研究，人们可以对现代科学获得更好的理解，而不仅是为了理解科学的过去。也就是说，马赫研究科学史的指导思想是着眼于科学的现在和未来，着眼于科学发展的逻辑和认识论上的批判分析。这是他的科学史著作的显著特点，也是他的科学史研究的成功之处。

马赫研究科学史是从 1870 年开始的。那年夏天，他因患病不能进行实验工作，就开始研究科学史。他把早在维也纳和格拉茨就已用心思考过的思想写成了《能量守恒定律的历史和根源》的大纲，1872 年成书出版。这部著作是他 1867 年发表的同名讲演和他的第一篇重要的论文《关于质量的定义》（1867）的进一步发展，又是后来出版的他的力学史这部最重要的著作的基础。

马赫在他的《自传》遗稿（1913）中说，在这部著作中，他"第一次就力学和热学问题提出了关于自然科学的认识论思想"，"以尽可能概括的形式提出了关于思维经济、关于科学的任务就是从概念上确定真实事物的基本思想"，包含了"一般唯能论的要点"。《能量守恒定律的历史和根源》这本书通过对历史的考察得出否定机械论自然观的结论。他反对亥姆霍兹和克劳修斯以力学为基础用原子、分子解释热学理论的观点。他认为历史事实表明在力学发展之前能量守恒的现象就已为人类所认识。他指出，能量守恒定律的根源是人类长期经验的总结——"不消耗能量做功是不可能的"。力学并不比光学、声学、电磁学和热学更基本，它成为物理学的基础只是历史的偶然。由此他进一步批判了力学先验论，认为主张从一般因果律先验地导出力学诸法则的努力是没有意义的。但是马赫的这本书写得不够严谨，又因为书中非难热力学理论和原子论，所以不能打动当时大多数的物理学家，也没有获得哲学家的支持，只得到少数人的注意。威廉·托比亚斯在他 1876 年出版的《哲学的拓荒者》中批评了马赫的观点，而一个内在论哲学家勒克莱尔在他 1879

年出版的著作《科学的实在论》中赞扬了马赫的这本书，甚至称它是“革命的”。

《发展中的力学》是马赫最重要的科学史著作。他在世时此书就先后于1883年、1888年、1897年、1901年、1904年、1908年、1912年7次出版；马赫去世后又出了第八版（1921）和第九版（1933）。马赫在这部著作中批判了力学先验论，打击了机械论自然观。书中详细分析指出，牛顿的绝对时空观念没有经验根据，并认为牛顿力学把来自经验的东西和任意约定的东西混在一起了，他强调力学的现在的形式完全是历史的偶然。在这本书中，他比较集中地论述了他的思维经济学说，并从思维经济的观点阐明力学假设并不比别的优越，“把力学看作物理学其他分支的基础是没有根据的，由力学说明一切物理现象是一种偏见”。马赫的这本书同《能量守恒定律的历史和根源》命运不同，在科学家中产生了极大的影响，马赫同时代的许多著名科学家如奥斯特瓦尔德（1853—1932）、赫兹（1857—1894）、玻尔兹曼（1844—1906）都阅读了它并深受其影响。

四、维也纳大学的科学哲学教授

马赫自己曾经声明说：“我仅仅是一个自然科学家而不是哲学家。我仅寻求一种稳固的、明确的哲学立场，从这种立场出发，无论在心理生理学领域里，还是在物理学领域里，都能指出一条走得通的道路来，在这条道路上没有形而上学的烟雾能阻碍我们前进。我认为做到这一点，我的任务就算完成了。”但在哲学史上，马赫被认为是从孔德的实证主义到逻辑经验主义的中途人物。

马赫童年在感觉和因果性解释方面的那些难题，表明他从小就萌发了哲学的思维。所以，他 15 岁阅读了康德的著作后就开始对认识论感兴趣了，在维也纳上学时就偷偷地阅读了一点哲学著作。1860 年以前，他就读过贝克莱、利希腾贝格和赫尔巴特的著作。在 1860 这一年有三件事对马赫哲学思想的发展有重要影响。这就是达尔文的《物种起源》的广泛传播，费希纳《心理学基本原理》的出版和在卡尔鲁尔召开的化学会议上斯塔尼斯劳·坎尼扎罗支持阿佛伽德罗的分子学说。其后在维也纳和格拉茨工作时，他就认真思考科学中的哲学问题，最主要的是他的感觉生理学的研究把他“引向对认识论批判的研究”。他 1862 年的讲演《历史发展中的力学原理和机械论者物理学》，1867 年的论文《关于质量的定义》都是讨论科学哲学的问题。他的许多有关科学史的著作和论文，是对科学的历史分析探求科学认识论问题。1886 年出版了他的主要哲学著作，也是心理学著作《感觉的分析》。由于他在科学认识论方面的造诣，他的母校维也纳大学专门为他开设了一个科学哲学讲座，叫“归纳科学的历史和理论”，这使他成为世界上第一个科学哲学教授，直到他中风瘫痪（1898）而于 1901 年退休。退休后，他仍然在妻子的精心照料下从事著述，其中包括把他发表的一系列科学哲学讲演汇集成一本书，叫作《认识与谬误》，于 1905 年出版。这也是他的很重要的哲学著作。

马赫的主要哲学著作《感觉的分析》，于 1886 年初版，相隔 14 年才修改再版。马赫在第二版序言中说：“本书就其以前的形式来说，曾经得到多方面的热忱欢迎，但也激起了强烈的反对。”事实上，马赫从他的这部著作出版开始就成了一个有争议的哲学家。我们可以看看菲利普·弗兰克（1884—1966）在其著作《现代科学及其哲学》（1957）中的一段描述：“尽管对马赫的反感在德国科学家和哲学家中间特别显著，然而他对于某些科学家和哲学家集团来说是具有非凡的吸引力的。但是反对他的带有敌意的反映是非常强烈的。”马赫为人谦虚谨慎，在《感觉的分析》第二版序言中说：“如果说我对于那些反对我的观点没有用批判的和论战的方式做详细的讨论的话，那么，这的确不是由于我轻视那些观点，而是因为我深信这类问题不能用讨论和论战来解决。在这里，唯一有益的办法是把未成熟的思想或内容矛盾的思想，耐心地、经年累月地搁在心里，诚实地努力完成未成熟的思想或除去矛盾的成分。”他在第六版最后一章还说：“公开的批评即使是反对我，也是中肯的，而它的坦率态度对我很有教益。”

《感觉的分析》第二版（1900）在几个月内销售一空，接着出第三版、第四版……至 1911 年已出了六版。1897 年出版了英译本，1907 年出版了俄译本。这时马赫的哲学思想已经广为流传了。正如列宁在《唯物主义和经验批判主义》一书中指出的那样，马赫已经成为“最有名望的经验批判主义的代表”了。

马赫的哲学著作的影响超出了学术界，也影响到奥地利和俄国的社会主义运动。这是和马赫当时的政治态度有关系的。马赫退休后，在 1901—1913 年期间被选为奥地利贵族院议员。马赫的社会哲学的基础是信仰人类道义的进步。顺便说一下，他很赞赏中国的道德准则和正义感。他支持个人自由和限制国家权力，赞成社会经济改革，主张重新分配财产；他对资本主义世界经济和工业状况感到愤懑，拒绝在经济改革中有产者利己主义的固执观念。因此，他被称为“半个人主义和半社会主义”者。1896 年，他曾与有社会民主思想的工人并肩游行，反对基督教社会主义党。1899 年，他把一大笔款捐献给成人教育同盟和社会民主党的报纸《工人报》。1901 年，矿工举行罢工，奥地利议会贵族院表决有利于工人的 9 小时工作法案，半身瘫痪的马赫坐救护车去议会投支持票。1902 年，他成功地反对基督教社会主义党在萨尔茨堡开办一个专门的罗马天主教大学。1906 年，马赫被社会主义者、理论家狄慈根（1828—1888）的思想吸引，并且他还鼓励他的具有社会主义倾向的追随者也去研究狄慈根的著作。1907 年，马赫的政治活动达到高峰。他在贵族院投票支持改革选举法。他还为报纸写了几篇文章，反对基督教的反动行为。

马赫与奥地利社会民主党的创始人之一维克多·阿德勒以及他的儿子物理学家、哲学家弗里德里希·阿德勒（1879—1960）是好朋友，在奥地利社会民主党中间享有很高的威望。当时，由于马克思（1883）和恩格斯（1895）先后逝世，社会主义者面临着一个扩大宣传和发展马克思主义的问题。他们当中许多人认为，通过与最新的现代科学哲学和实践着的科学家的联系，马克思主义的理论会得到发展并通俗化。这样，中欧的一些社会主义者就选中了马赫的科学哲学。在奥地利是以弗里德里希·阿德勒和鲍埃尔（1881—1938）为代表的一批马赫主义者。一些俄国的社会主义者和教授也在苏黎世进行着这方面的研究。俄国的布尔什维克的重要成员波格丹诺夫（1873—1928）受到阿芬那留斯（1843—1896）早年的学生——俄国著名作家列希维奇的引导，接受了马赫主义，终于成为在俄国的马赫主义者的代表。为了维护马克思主义哲学的纯洁性，列宁于1908年着手写作和俄国马赫主义者论战的重要哲学著作《唯物主义和经验批判主义》，于1909年在莫斯科出版。

另一方面，1910年在维也纳由弗兰克、哈恩和纽拉特掀起了一个宣传马赫实证主义哲学的浪潮。1901年俄国由英格迈尔在莫斯科也组织了一个实证主义协会，其成员包括20多个一流的教授和知识分子。1911年在柏林也开始了类似的活动，它是以希尔伯特、克莱因、黑尔姆、弗洛伊德，还包括爱因斯坦以及许多与实证主义无关的著名人物签名发表了一个宣言开始的，后来彼得楚尔特（1862—1929）和丁格勒成了这个运动的推动者。1912年秋在柏林成立了实证主义哲学会，1913年出版了实证主义哲学杂志。1927年在维也纳由纽拉特组织成立马赫学会。1929年以马赫学会和实证主义哲学会的名义发起，在布拉格召开了第一次国际性的会议，形成逻辑经验主义学派。

对于马赫，一些人猛烈地攻击他，另一些人热忱地赞美他，无论是谁几乎都不得不对他的学说采取明确的态度。的确，很少有科学思想家能够引起这样尖锐的意见分歧。那么，他研究科学哲学的一般意向，以及他的哲学学说的基本精神究竟是什么呢？

马赫自己说，他不想建立一个哲学体系，只是想寻找一种哲学立场。我们知道，19世纪后半叶机械论的科学观受到科学发展的冲击而走向衰落。马赫无疑是最早洞察到这种倾向的人之一。为了“挽救”科学世界观的“危机”，他强调经验论，反对力学先验论。他从区分科学“解释”和力学的“解释”出发，去寻求一个不受某种特殊类型的解释限制的、适用于一切自然现象的统一的科学解释，以便将个别学科联系起来形成一个统一的整体。为此，他选取了一条达到这一目标的纯经验主义的路线，力图从科学中排除一切不能由经验证实的“形而上学”的命题。这就是马赫科学哲学的一般意向。

马赫认为，无论是唯物主义还是唯心主义哲学都含有他所谓的“形而上学”，因而不能达到统一的科学的目标。于是，他创立了标榜中性的“要素一元论”，作为他统一科学的理论基础。他主张一切物理的经验和心理的经验有一个共同的“要素”，他叫它“世界要素”。这些“要素”构成最广义的物理学和自然科学心理学的桥梁，这些“要素”按照所研究的联系，或者是物理对象，或者是心理对象。这样马赫所设想的“要素”就成为他的科学解释的基点。马赫主张“思想对事实的适应是一切科学工作的目标”，“科学的任务就是对事实做概要的陈述”。既然按马赫的设想，事实最终应分解为“要素”，而思想适应事实就是指适应要素之间的某种规律性的联系，那么，作为科学的任务的“对事实做概要的陈述”也就是对“要素”的陈述。马赫说：“全部自然科学只能是描述和描写我们通常称之为感觉的要素的复合。”马赫还主张“思维经济”，他的统一科学的目标就是对经验做经济的描述。他认为把事实分解为“要素”，科学的任务就成了对“要素”的描述，这就是一种经济设计。他认为要求抽象理解的最大限度，只有数学函数可以提供。因此，他宣称，科学的任务就在于用数学函数来描述或描写经验事实之间的依存关系，也就是感性“要素”之间的依存关系，这是科学唯一的对象，是科学的最终目的。马赫认为，因果概念在实践生活中是有用的，但在理论上是没有根据的，因为它不能为科学实验所证实，因而是有害的。为避免这个不科学的因果性思想，他主张用数学函数代替因果概念。他认为，这样的代替在科学上可以消除因果概念中的一些主观的、非科学的因素；可以排除科学中的一切不可知因素，如物质实体可以科学地解决世界的固定不变性。

对于马赫的哲学观点，列宁在他的批判马赫主义者的著作《唯物主义和经验批判主义》中，从马克思主义哲学的立场剖析了马赫哲学思想的渊源，指明了它的唯心主义的实质及阶级作用。但这并不排除和否定马赫的科学哲学对自然科学发展的某种有益的作用的事实。

五、马赫思想与 20 世纪的物理学

马赫同量子论和相对论的创始人普朗克和爱因斯坦等人有过交往，1913 年他愉快地接待了爱因斯坦的来访。作为一个科学家、科学史家和科学哲学家，他的学术思想对相对论和量子物理学乃至 20 世纪自然科学的发展都产生了重大的影响。

普朗克年轻时曾是马赫思想的信奉者。他自己承认，在 1885 年至 1889 年间他曾是最坚定的马赫哲学思想的追随者之一，马赫的学术思想对他影响很大。1879 年，普朗克写作博士论文《论热力学

第二定律》时曾阅读了马赫的《能量守恒定律的历史和根源》这本书。他对马赫思想最早的反映是在他获哥廷根大学哲学系二等奖的一篇论文《论能量守恒定律》（1887）中。后来，他倾心于普遍性理论概括，从1890年开始探索普遍性概念。1895年，他开始反对黑尔姆、奥斯特瓦尔德的唯能论，表现了他的哲学思想的转变。1908年12月9日，他在莱顿大学自然科学系做题为《物理世界图像的统一》的讲演，在这个讲演的第四部分批评了马赫的哲学思想。这引起普朗克和马赫之间长达三年之久（1908—1910）的论战。

普朗克的批评在物理学家中引起了不同的看法。阿德勒、彼得楚尔特和弗兰克等人写文章为马赫辩护，保罗·詹森、爱因斯坦和克兰兹在给马赫的私人信中表示支持马赫。马赫本人在1909年出版的他的《能量守恒定律的历史和根源》德文新版中，对普朗克的批评做了答复。普朗克的那次讲演出版后，马赫于1910年发表了《我的科学认识论的指导思想及其在当代被接受的情况》进行回答。而普朗克又以《论马赫的物理认识论——一个答复》（1910）再进行批评。

普朗克接受马赫的“统一科学”的目标，但认为一个理想的不变的体系和物理定律能够描述和说明现象并达到统一的世界图像，而不需要任何感觉要素。他特别指出，玻尔兹曼的统计理论已经有助于统一力学和热力学，并因而促进了发展一个统一的世界图像，而马赫的反对恰恰妨碍了这个统一的图像和统一科学的发展。普朗克相信原子和物理世界的实在不同于感觉对象的实在，但他认为原子、物质、自然定律是实在的，是因为它们有不变的特征。他说：

“不依赖于一切人和智力的独立存在状态，永恒不变，我们叫它实在。”他要求科学家们考虑，马赫的科学哲学究竟带来什么后果？是健康的还是有害的？他认为像奥斯特瓦尔德的“唯能论”，华德的“现象主义化学”，焦曼的“连续物理学”，皮克、阿德勒和马赫的反原子论等都是有害的。普朗克在莱顿大学的讲演中对马赫的批评总的来说是抑制的，只是在结尾时用了尖刻的措辞，引用了《圣经》的话“根据他们的果实你就能识别他们”。

马赫说，他对普朗克的两个哲学观点，无批判地相信一个永远不变的世界图像绝对有效和永恒不变的实在，感到好笑。马赫对普朗克在长达 32 页的讲演中的针对性批评非常生气。他在反批评的文字中说：“我们之间的基本分歧与原子的实在信念有关。……普朗克用基督的温和，但末了用众所周知的《圣经》警句作为假先知栽赃于我，……我的回答是简单的：如果相信原子的实在如此重大，那么我放弃物理学行业，我将不当专业物理学家，并且我还交还我的科学荣誉。简言之，信仰者团体感谢你，而对我来说思想自由第一。”

1933 年，吕威发表了一篇文章《关于量子论的一个历史备忘录》，说马赫在普朗克发现量子前 5 年（1895）在给波普尔－林库的一封信中就化学运动表明了不连续性的观点，并且在他的 1896 年出版的《热学原理》中也做了记载。普朗克曾仔细地读过这本书，应该是了解马赫这一观点的。关于这个问题，比布尔在 1940 年还写了一本书。据此，马赫的追随者尼索拉夫斯基在 1949 年 2 月 14 日给恩斯特・马赫的儿子路德维希・马赫的信中说，“恩斯特・马赫是普朗克量子论的先驱”。温伯格于 1937 年、蒂勒于 1968 年曾先后重演马赫关于化学运动不连续性理论的测量，以检验马赫的理论是否是一个预见，以及是否可能对普朗克的发现有重要影响。

温伯格在 1937 年还指出，马赫 1870 年以后在原子理论方面应用“n- 维离子”的思想，预见了后来薛定谔和其他量子物理学家的工作。马赫引入 n- 维空间是为了表示可观察和测量的原子间行为的最大自由度。这个 n- 维空间或者 n- 自由度数是由对实验材料的成功的表示和正确的描述来确定。温伯格认为这个程序正是量子力学的特征，无论是马赫还是现代量子物理学家，他们的多维性假设毕竟都是服务于描述在实验中真正被观察到的东西。他说，把马赫作为现代量子力学之父是恰当的。尽管我们不一定要同意这个结论，但马赫的科学哲学思想直接或间接地影响了一大批量子物理学家，特别是哥本哈根学派，这是事实。泡利是马赫的一个积极支持者的儿子，马赫是他的法定教父。约尔旦是一个极端的马赫主义量子物理学家，他公开宣称“我是一个马赫的信徒”，并认为他已经证明了马赫的观点在理解量子力学和相对论方面是有益的。薛定谔在维也纳长大成人，也采纳了马赫的科学方法论，直到晚年他仍然以一个纯粹马赫主义的风格写道：“构成我们的精神和世界的是同一要素，心物归一。”玻尔和海森伯的科学思想中也不乏马赫思想的成分。

马赫与相对论的关系主要反映在他的著作尤其是力学史著作对绝对时空观念的批判性的研究成果，以及他关于认识论的观点的某些方面启发了爱因斯坦。

爱因斯坦对马赫思想感兴趣大约是从 1897 年开始的。那时他到了苏黎世，他的一位大学生朋友贝索向他推荐了马赫的著作《发展中的力学》，爱因斯坦被它强烈地吸引并深受其影响。著名的科学史家，也是爱因斯坦研究专家霍尔顿教授认为，在 1905 年的爱因斯坦关于狭义相对论的论文中有马赫影响的成分。马赫本人对爱因斯坦的工作也是十分关注的。1909 年出版的马赫的《能量守恒定律的历史和根源》德文新版中，包含有对爱因斯坦和闵可夫斯基有关相对论工作的一个简短的评述。马赫把这个新版书寄给爱因斯坦一本。爱因斯坦收到他所敬慕的科学家马赫的赠书后，立即写了回信。这封信是 1909 年 8 月 9 日从伯尔尼发出的。在这封信中，他除表达"衷心感谢"之外，还对马赫和普朗克之间的争论表示了对马赫的同情，说马赫在青年物理学家当中很有影响。8 天之后，爱因斯坦又写了第二封信，从信中可以看出马赫对爱因斯坦 8 月 9 日的信做了回复，马赫的回信还表示了对相对论的兴趣。爱因斯坦在第二封信中对马赫已经以"弟子"自称了。

1910 年，马赫发表的两篇文章都涉及相对论方面的内容。其中一篇提到，爱因斯坦和闵可夫斯基的工作发展了他在《能量守恒定律的历史和根源》和《认识与谬误》中提出的区别度规空间和物理空间的思想；另一篇说，他认为物理世界的动力学模型是假说，它不能详尽地描述世界的多样性，时空仍然是个问题，而爱因斯坦、闵可夫斯基等人进一步研究了这个问题。弗兰克说，他 1910 年在维也纳访问马赫时所得到的印象是，马赫与爱因斯坦的相对论，尤其是与其哲学基础完全一致。

1911 年 3 月，爱因斯坦受聘为布拉格大学理论物理学教授。爱因斯坦在这年 3 月完成、6 月交德国《物理年鉴》发表的论文《关于引力对光的传播的影响》的脚注中说，他的论文和马赫的研究完全一致。

爱因斯坦于 1912 年秋又回到了苏黎世联邦理工学院任教。在这里他与他的朋友格罗斯曼合作解决了广义相对论的数学问题。1913 年初，爱因斯坦又给马赫写信。这封信也表示了对马赫的拜服，信中有“您对新理论所表示的友好的兴趣我非常高兴”的话。爱因斯坦在这封信中向马赫介绍了他关于引力理论的基本观点。信中说“质量的全体产生一个 Gμν 场，它控制一切”，这就是爱因斯坦经过反复思考和讨论，后来（1918）提出的称之为“马赫原理”的早期说法。同年 6 月 25 日，爱因斯坦又向马赫写了第四封信。信中说，如果出现日食时能观测到星光被太阳的引力场弯曲的现象，“那么您的有关力学基础的天才的研究——不顾普朗克不公正的批评——将获得光辉的证实。因为一个必然的结果是，完全按照您对牛顿水桶实验的批判的含义，惯性来源于相互作用”。爱因斯坦终于提出了相对论的引力论，并于 1916 年 3 月写了完整的总结性的论文《广义相对论基础》。

爱因斯坦还称马赫为相对论的先驱。爱因斯坦 1916 年发表在德国《物理学杂志》上的悼念马赫去世的文章中说，马赫“对牛顿水桶实验的那些看法表明他的思想同普遍意义的相对性（加速度的相对性）要求多么接近”。而 1930 年 9 月 18 日在给诺伯特·维纳的信中叙述广义相对论的来源时，他也十分肯定地说：“可以十分正确地认为马赫是广义相对论的先驱。”

但是，1913 年 7 月，马赫在为他的著作《物理光学原理》上卷（1921）所写的序中，拒绝承认他是相对论的先驱，因为“相对论变得越来越教条”，其中还谈到他本来要写有关电磁理论和相对论的内容，因为身体的关系不得不停止。1915 年底，他又向他的儿子路德维希·马赫重申他反对相对论的意见。关于这个问题虽有不少文章讨论，但仍然是个未能完满解决的矛盾。

马赫对 20 世纪初期的物理学革命性的变革起了思想启蒙的作用，但是 20 世纪科学的发展史也表明马赫的科学方法的实证主义观点不能适应科学发展的需要。正因为如此，普朗克、爱因斯坦、海森伯等这样一些著名的科学家先后以不同的程度脱离了实证主义的哲学立场。从科学哲学的发展来看，早在 20 世纪 20 年代逻辑经验主义就认识到对科学纯经验的分析的局限性，代之以经验－逻辑的分析。马克思主义强调的科学与社会经济的联系在当代已被更多的科学家和科学哲学家所重视。马赫的科学哲学的基本观点已经过时，但是马赫的“思维经济”学说中所体现的“简单性原则”，关于科学理论的数学抽象的要求以及他的统一科学的目标，正被愈来愈多的科学家所追求。就连从他的学说引申出来的“可观察性原则”也仍在一定的范围内适用。总之，马赫在历史上不愧为一个思想深沉、卓有成效的科学家。爱因斯坦说：“马赫的真正伟大，就在于他坚不可摧的怀疑态度的独立性。”

（作者：董光璧）

卡尔·皮尔逊

著名科学家和自由思想家

卡尔·皮尔逊

（Karl Pearson，1857—1936）

卡尔·皮尔逊是英国的著名科学家和自由思想家。他 27 岁便当上了大学教授，39 岁被选入英国皇家学会。40 多年间，他一直处在科学的理智力量的最前沿。他的贡献和影响是多方面的：他的专业是应用数学、生物统计学和统计学，但他又是名副其实的历史学家、科学哲学家、民俗学和宗教问题的研究者、律师、社会主义者和人道主义者、优生学家，弹性和工程问题专家、教育改革家、伦理学家，受欢迎的教师、编辑、文学作品和人物传记的作者。在他去世前三年由他的助手编选的《卡尔·皮尔逊的统计学和其他著作文献目录》，在 5 个主标题（研究领域）下共列举了 648 个项目。难怪皮尔逊的传记作家这样评论他的主人公："我们深信，无论科学的道路通向何方，卡尔·皮尔逊都充分地扮演了科学开拓者的角色，真正的进步正是从他的开拓性的工作开始的。"

皮尔逊有两个显著的特点。其一是两种遗传特征——在专业领域顽强工作的能力和在其他人占有的领域漫游的能力——在他身上奇妙地结合在一起。其二是道德力量始终引导和伴随着理智力量，也就是说，他具有为真理献身、与自然深刻地共鸣和为一个伟大目标而牺牲所有枝节问题的情操。皮尔逊的成就之所以能够达到应有的深度和广度，显然与此有关。要知道，真正的科学伟人既不是单薄的"专门家"，也不是仅凭纯粹的智力就可以企及的。

在中国和苏联的学术界，皮尔逊（旧译毕尔生）是一个多少被忽视或被误解的人物。其实，他在美国《科学家传记词典》所占的篇幅（26 页）比马赫（12 页）和彭加勒（10 页）的总和还要多。下面，我想依据有关资料，尽可能给读者一个客观的、全面的皮尔逊的形象。

一

卡尔·皮尔逊 1857 年 3 月 27 日生于伦敦，上有哥哥，下有妹妹。父亲威廉·皮尔逊为内殿法学协会会员，是一位有资格出席高等法庭的律师和英国王室的法律顾问。他才干杰出，有卓越的工作能力，在退休前曾任英国大法官法庭的庭长。他像儿子卡尔一样，对历史研究有浓厚的兴趣，去世时留下了大量的书籍和未发表的笔记。母亲范妮·史密斯，出身于海员和商船船长的家族。而皮尔逊家族则是自由民，祖籍北赖丁。卡尔·皮尔逊后 40 年的许多暑假都是在这里度过的，亲人的温情和乡间的静谧给他心灵带来了平衡和慰藉。他喜欢在紧张而严肃的统计学研究之余，漫步在田间的小径和山间的溪谷，但是他似乎从未强烈地感受到大海的召唤。

卡尔·皮尔逊在家里受启蒙教育直至 9 岁，1866 年进入伦敦的大学学院中学。与其他孩子相比，他显得有点娇嫩，这也许是由双亲过虑而严加约束所致。1873 年他因健康原因退学，次年做了家庭教师。他后来谈到他的这一最初职业时说："我不是一个不好的教师，但是却没有能力管理一群不想学习又想干蠢事乃至坏事的孩子。"

1875 年，皮尔逊以第二名的成绩赢得了剑桥国王学院的奖学金。他在名师劳思、G. G. 斯托克斯、J. C. 麦克斯韦、凯莱的指导下学习数学，这引起了他对应用数学和弹性理论的兴趣。1879 年，他以数学优等生获文学学士学位，获得第三名。

皮尔逊在学校并未局限于数学。他也阅读了但丁、歌德、卢梭的著作，旁听钦定的大学神学教授的自由讲演，与同学们广泛讨论哲学、历史、宗教、道德、社会等问题。但是，他对英王 1441 年强制推行的正规神学讲演感到厌恶，因为这种讲演是老生常谈，味同嚼蜡。他也不愿去教堂参加那些强迫的活动，不过他对宗教的精神、教义和历史却怀有浓厚的探索兴趣。他反对错误的权威，追求批判的精神，寻找有价值的东西。也正是在大学求学期间，他首次被斯宾诺莎的著作所吸引，斯宾诺莎的哲学明显地影响了他人生旅程的方向。他在晚年写道："我认为斯宾诺莎是独一无二的哲学家，他提出的上帝概念无论如何也是与科学相容的。"

二

接下来的一段时间，是皮尔逊智力全面勃发的重要时期。1880 年 4 月，国王学院给他提供了研究会员基金，使他多年在经济上获得了独立。他利用这一大好时机在智力王国里漫游，竭力通过信件、诗歌、批判性的评论、随笔和讲演显示自己的才智和表达能力。

大学毕业后，他父亲的职业无疑是他的向往。1880 年 11 月，他在内殿法学协会谋求了一个职位，在林肯客栈的房间内攻读法律。这年，他还在剑桥工程商行工作了若干周，并为中世纪语言学位考试草拟了一个中级德语和高级古德语课程表。1881 年，他取得了法庭律师资格和法学学士学位，继而在翌年获取了文学硕士学位。

国王学院的奖学金延续到 1886 年，他在伦敦固定了他的大本营后，利用这笔钱几次到德国学习和研究。他在名师指点下研究物理学、形而上学、罗马法，聆听关于达尔文主义的讲演。不久，他对德国民俗学、对中世纪和文艺复兴时期的德国文学、对宗教改革的历史、对德国人文主义和路德的特征以及妇女问题等产生了浓厚兴趣。由于他能讲一口流利的德语，他与本地人保持着密切的接触。在此期间，剑桥大学图书馆馆员布拉德肖对他影响很大。这位老人不仅帮助皮尔逊收集材料，而且多次告诫他彻底性和忍耐性在研究中的意义。

这些历史研究结果以多种形式发表出来。1882 年春，他就“德国社会生活和思想”做了 10 次讲演，该论题追溯了从古代到 1500 年德国思想的兴衰。同年后期，与大学选修课教学有关，他以《16 世纪的德国社会生活和思想》为主题发表了 12 次讲演，主要涉及的是宗教改革时期；紧接着的有“德国的人文主义”（1883），“明斯特市的上帝的天国”和“马丁·路德：他对德国物质财富和智力财富的影响”（1884）。他还就德国的耶稣受难剧收集了大量第一手资料。

他对斯宾诺莎的研究继续进行着。在 1880—1883 年，他在《剑桥评论》就该课题发表了 3 篇长篇评论，并就迈蒙尼德和斯宾诺莎为《精神》杂志写了一篇文章。此外，还有一批实质性的文章和评论在《学术》和《雅典娜神庙》等刊物发表。皮尔逊文思如泉、笔力雄健、文字激扬，显露出一位雄姿英发的年轻人的敏锐和自信，以及梦想一下子把整个世界都安排妥帖的渴求。布拉德肖老人约他进行了一次富有智慧和价值的谈话，从而使这位初出茅庐的年轻人在激情与理智之间保持了“必要的张力”。

皮尔逊在德国这个马克思主义的发源地接触了卡尔·马克思和拉萨尔的思想和著作，这使他在返回英国后变成一个热情的社会主义者。他把马克思主义和达尔文主义相结合，把道德、社会和多数人的福利联系在一起，形成了自己的社会达尔文主义的特殊变种，并为它取名“卡尔”。他利用星期天在工人俱乐部以马克思和拉萨尔为主题发表演说，为社会主义赞歌集撰稿，并认为社会主义应该受到赞扬。

1880 年，皮尔逊以 Loki 为名，出版了他的第一本书《新的病态之伤感》。全书假借一个在德国漫游的年轻人阿瑟写给他的未婚妻的书信，揭示了对 19 世纪萎靡思潮失去信心的青年一代的精神状态。书中包含着一些诗歌和对异国风物的生动描述，读起来格外引人入胜。请听一下发自阿瑟内心的声音：“依我之见，不要期望听信任何体系或方法；时间似乎太短暂了，而世界则太浩瀚了！我从科学奔向哲学，从哲学奔向我的老朋友诗人，然后，我被许许多多的思想体系弄得精疲力尽，我想象我重新返回科学时变得实际了。您难道永远认为世界上存在的一切都值得了解吗？宇宙中没有一个课题不值得研究吗？文学中的巨人，多维空间的秘密，玻尔兹曼和克鲁克斯洞察大自然的真正实验尝试，康德的宇宙理论，胚胎学的最新进展以及生命发展的令人惊异的叙述——这一切多得不可胜数，大大地超出了我们力所能及的范围！当我在这里的山坡上漫步时，一种羞愧感袭上我的心头：我不了解植物学和地质学，尽管我以爱恋的目光凝视着鲜花和岩石，但是我对包含在鲜花中的生命史一无所知，对包含在岩石中的地球史一窍不通：我头晕目眩了；我感到我们的生命太渺小了，我们的能力太微弱了。只有那些不仅会说‘我不知道’，而且也能够满足于无知的人才是幸运的。”阿瑟发自肺腑的言词难道不正是皮尔逊的心灵写照吗？在知识王国里漫游的皮尔逊的确感到极度痛苦，但这种痛苦是智慧的痛苦，它的背后则隐藏着深奥的幸福。至于那些无知的幸运儿，他们是永远也体会不到这种深沉的情感的。

在所有这些漫游中，皮尔逊的数学才能并没有完全蛰伏起来。1881 年头两学期，他代理国王学院数学教授为大学高年级学生授课。1882 年，他研究了球体在液体中有节奏振动的理论，次年便有《球体和椭球体在液体媒质中的运动》《简论无限弹性体的扭曲》两篇论文付印。

皮尔逊 1882 年出版的匿名著作是《三位一体：19 世纪的耶稣受难剧》。他把大量的历史研究、思想和激情都倾注到这部著作的写作中，大多数篇幅是按诗体写成的，书中有许多象征意义集中在责任、爱和理性的相互作用上。皮尔逊在序言中写道：“现代科学和现代文化正在使我们摆脱旧的理论框架；要让它们注意，在消除人的神性时，不要忘记神的人性。”该书受到较多的注意，但也招来了敌意的批评。

到 1883 年，皮尔逊的烦恼在他的前进道路上似乎已经消除了。是年 3 月，他以《自由思想的伦理学》为题发表讲演。他把这篇讲演与其后的多篇讲演汇集在一起，于 1888 年出版了同名著作。在这篇充满激情的讲演中，皮尔逊提出了早就使人注意的“永恒的为什么”。我们为什么在这里？我们作为部分，与整体、与所有的物质事物和精神事物有什么关联？有限与无限有何关系？在皮尔逊看来，科学和哲学正在不断地给予我们关于人与自然、个人思想与抽象思想的关系以更广泛的观点，但是现存的宗教却坚持用神话和残留的教条来说明一切。对神话说明的拒斥，对所有关于有限与无限的已经确认的真理的接受，就是皮尔逊所谓的自由思想或真正的宗教知识。而自由思想的天职，就在于发现新的真理。皮尔逊指出：自由思想是难以达到的，它也许是一种理想而不是现实。“要成为一个自由思想家，抛弃所有教条主义的形式是不够的，更不必说用粗俗的讽刺攻击它们；这只是否定作用。真正的自由思想家必须具有他所处时代的最高知识，他必须站在他所在世纪的高坡，并标出过去已经达到的和现在正在达到的标记，如果他本人为增进人类知识而工作，或者为知识在他的同胞中传播而工作，那就更好了——这样的人真正可以称为自由思想的高级教士。”

按照皮尔逊的观点，自由思想并不必然等同于科学，它是比科学更大的范畴。因此，只有最伟大的诗人、哲学家和博物学家，诸如牛顿、歌德、斯宾诺莎、达尔文等人是自由思想家。他们无视教条的信仰，用他们时代的最高知识和思想武装起来，力求说明生活中的一个重大问题。而且，自由思想家也是有道德的人。“每一个自由思想家都对前人负有深深感激的义务；他必然充分尊重行动在他前面的人；他们的斗争、他们的失败与成功作为一个整体，给予他大量的知识。因此，他甚至对前人的真正的失败、错误的步骤感到同情。他永远不会忘记，他应该把什么东西归功于前人智力发展的每一个阶段。”皮尔逊指出：自由思想在使自由思想家成为他自己的理性的主宰时，也使他成为宇宙的君主，这似乎是自由思想家的信念的无穷乐趣。真正的、活生生的信念是富有创造性的、同情的和热情的信念，它注定要成为未来的信条。也许皮尔逊在拒绝以往的教条时却教条地宣布了自己的哲学真理，也许在他这位自由思想家的信条中也存在着智力偏执的危险，但是我们要想，假若他在自己的判断中没有这样自信的信念，他能获得如此之多的成就吗？

这一系列的讲演也涉及生命哲学。在《市场和研究的热情》（1885）中，他强调在研究问题时要顽强地追求真理，不能把它们引入市场来解决。“道德不是社会冲动的追随者，而是以角色为基础的行为习惯，而认识真理必须成为我们生存的一个有机组成部分。”“人人都把不道德视为无知，把不道德的人视为白痴。”“谁将宽恕你这个坏基督徒？”皮尔逊的回答十分简单：“学习和认识！”

两次关于社会主义的讲演——《社会主义的道德基础》与《理论和实践中的社会主义》——进一步阐明了年轻的历史学家和科学家的理想主义信条。在皮尔逊看来，道德是社会的：“人在行为判断中仅仅关心目前的生活，他必须尽其所能使生活充实、快乐，他必须有意识地、科学地利用现在所有的知识和以往的经验暂且这样做。不是由于害怕地狱，不是由于渴望天堂，不是由于被折磨的人与上帝，而唯一为的是拯救我们作为其中一员的社会和我们享用其中一部分的福利——为了拯救我们的同胞——我们才有道德地即社会地去行动。”皮尔逊认为，社会主义的兴起是由于认识到下述两点：人类的唯一目的是这种生活的幸福；进化的过程、群与群的斗争直接或间接地在人类中产生了强烈的社会本能，以致个体的愉快存在于促进他作为其中一员的社会繁荣之中。

这些讲演还有两点值得注意。皮尔逊谈到了马尔萨斯、性和人口问题，还提到“渐近性”学说，他在后来批评突变论时就是以此为依据的。“你可以承认它是历史的一个基本规律，从来也没有一个伟大的变革是通过跳跃发生的；从来也没有一个永远有益于社会的任何阶级的伟大社会重建是由革命引起的。正是逐渐生长、渐进变化的结果，我们称之为进化。像自然规律一样，这就是历史规律。”他进而在 1892 年出版的《科学规范》一书中写道：“改革者也往往应该是殉道者，这也许是为了小心谨慎而付出的不算过高的代价——社会作为一个整体必须小心谨慎地运动；要替换伟大的领导人可能需要若干年，但是稳定而有效的社会只能是数世纪发展的结果。”

《自由思想的伦理学》以他在 1885 年和 1886 年关于妇女问题的三个讲演结束。皮尔逊争辩说，该问题是一个要求用科学的、公正的精神研究的问题，而不能仅仅通过讲台诉诸“妇女的权利”。在做出艰苦的研究并承担责任之前，仓促给出任何定论都是有害无益的。例如，双亲的男孩和女孩的智能是否具有类似的遗传？最杰出的妇女得到高度发展以致不愿承担分娩之累难道不可能吗？家族的延续或多或少会保留他们成员的智力吗？他认为这里存在着严重的困难，必须花大力气认真研究，这在当时的确是未有先例的。难怪《格拉斯哥先驱报》以挖苦的口吻评论说："皮尔逊先生想使土地国有化和资本国有化，他现在唯有站起来也支持妇女国有化。"

1884 年，皮尔逊被任命为伦敦大学学院应用数学和力学金史密斯学院教授，在头 6 年，他显示出坚韧不拔的工作劲头和异乎寻常的多产性。他的专业职责是讲授静力学、动力学、力学、近代几何、画法几何和投影几何，他用直观的作图法深入浅出地讲解力学问题，很受初学者欢迎。他的一位学生回忆说："卡尔·皮尔逊在解决任何一个问题时使每一个步骤和阶段都变得十分清晰、易于领会（没有合适的教科书），愚蠢的课堂笔记在考试中毫无用处。……我与卡尔·皮尔逊接触了 3 年，却影响了我日后工作 50 年。"直到 1911 年，皮尔逊还在为学科学技术的学生讲应用数学，为学工程的学生讲制图，他也讲过天文学，并用得到的资助在学院的草坪上建立了两个小天文台，以训练学生观察天象。

在担任教授后不久，他开始为出版他的教席倒数第二任教授克利福德的未完成的著作《精密科学常识》做准备，该书于 1885 年付印。"位置"全章、"量"和"运动"两章的大部分均由皮尔逊撰写。更为困难和繁重的任务是补写和编辑托德亨特未完成的手稿《弹性理论的历史》。在剑桥求学时，他对托德亨特提出的一个弹性理论问题做了出色的证明，为此剑桥大学出版社理事会约请他完成并编辑这部遗作。第一卷（924 页，1886 年出版）涉及 1639—1850 年的工作，其中后半部是由皮尔逊执笔撰写的。第二卷分为两编（分别为 762 页和 546 页，1893 年出版），全由他负责，其中牵涉到数百个人物，需要审查数百篇应用数学方面的专题论文和分析文章。在此期间，他还单独出版了《巴雷·德·圣维南的弹性研究》（1889），并在数学杂志就相关的问题发表了若干论文。这一切充分显示了皮尔逊完成艰巨任务的能力，并确立了他作为一个应用数学家的地位。

很难说清皮尔逊升任教授后在历史和社会问题的研究中花了多少时间。除准备《自由思想的伦理学》中的七八个讲演外，他还完成了《圣容之布》（1887）一书。这是一个关于宗教史和社会史的研究，追溯了基督圣容之布的传说的发展和基督圣容之布上的肖像的历史。该书用德文写成，是题献给布拉德肖的，皮尔逊把它看作对德国雕刻史的贡献。他还完成了题为《德国的耶稣受难剧：西方基督教进化研究》的专题论文，其材料是为 1883 年讲课而收集的，该文迟至 1897 年才在《死亡的机遇及进化的其他研究》两卷专题文集中首次面世。这两卷文集的内容像《自由思想的伦理学》一样五花八门，它们的共同联系在于作者力图把所有物理的、社会的现象看作相关发展的。其中“死亡的机遇”“再生选择”“男人和女人的变异”涉及偶然性理论和统计学方法在研究社会问题时的地位。另外 3 篇文章（《社会主义和自然选择》《社会进化》《政治科学》）则尖锐地批判了那些“用科学的外衣伪装起来的新顽固”。在皮尔逊看来，这些人的观念是倒退和有害的，使他们的说教丧失市场是他义不容辞的责任。第二卷的 4 篇，除那篇基督教进化研究的主体文章外，还有《作为女巫的妇女》《灰姑娘：或德国人寻找他的运气》《亲族群婚》。皮尔逊在这里重返对德国史和民俗学的研究。

皮尔逊也是1885年形成的一个小俱乐部的成员。这个俱乐部平时有15至20人，有时还有来宾（包括几个俄国流亡者）参加，其宗旨是“自由地、毫无保留地讨论有关男人和女人的相互地位和关系的一切问题”。皮尔逊的《妇女问题》一文是作为俱乐部的开场论文宣读的，《社会主义和性》是为后来的会议讨论撰写的。这一小群男女同道者打破惯常的障碍，无拘无束地讨论道德和性的问题。阅读一下会议记录本，人们不禁为他们坦率、彻底、严肃的态度所震撼。俱乐部的秘书是玛丽亚·夏普小姐，她出生在具有浓郁文学和艺术气息的家庭，具有与皮尔逊相同的人生哲学，能够理解“生活的真谛”。他俩在俱乐部相识、相爱，于1890年结婚。婚后，她除照管小孩（他们生有一子两女）和处理家庭琐事外，还要临时充当实验助手，喂养实验用的动物。当丈夫开拓生物统计学这一新学科时，她一心一意地支持和鉴赏他的创造性的工作。她于1928年去世，次年皮尔逊与本系的一位女同事蔡尔德结婚。

19世纪90年代初，皮尔逊应格雷沙姆讲座之邀担任主讲。他在1891年3月和4月以“近代科学的范围和概念”为主题发表了7次讲演，内容涉及科学的范围和方法、科学定律和科学事实、科学的概念、科学的分类、运动的几何学、物质和力（两讲），广泛地探讨了科学的哲学基础。接着在1891年和1892年间，他又做了题为《统计学的几何学》的讲演。在对英国的政治算术学派、法国的国家科学学派和概率论学派做了回顾之后，讲演者详细描述了手头资料的各种图解方法。在1892年和1894年间，他还就“偶然性的规律”和“偶然性的几何学”发表了讲演，它们充分表明皮尔逊清楚认识到概率作为一种工具在科学研究中的地位。这一切标志着皮尔逊作为一个科学哲学家和统计理论和实践的开拓者的生涯开始了。

其间，皮尔逊还参与了其他一些事件。在改革伦敦的大学的长期斗争中，皮尔逊以及大学学院的其他成员都起了显著的作用。皮尔逊撰写的文章《伦敦的新大学：它的历史和对它的缺点的批评指南》，在 1896 年被选入皇家学会，两年后他接受了学会的达尔文奖。皮尔逊就大学和教育问题发表了 27 篇文章。

三

1891 年的格雷沙姆讲座的头七次讲演，事实上为皮尔逊的科学哲学名著《科学规范》勾勒了蓝图。皮尔逊在此基础上经过深化和扩充，于 1892 年 2 月出版了《科学规范》，该书的许多章节用的就是讲演的题目。该书第二版（1900 年 1 月出版）增补了进化论几章，讨论了生物学领域的基本概念，虽说一些话语变了，但本质的东西没有变更。1911 年 3 月又出了第三版，增加了两章：“现代物理学的观念”（大部分由皮尔逊的助手撰写）和“偶然性和相关——因果关系的不充分性”。书的扉页赫然写着库辛的名言：批判是科学的生命。

《科学规范》被译成多种文字，影响远远超出了英国国界。对于世纪之交几代人的智力发展来说，它的出版的确是一个重大事件。一位评论家写道：“《科学规范》这部读物是引人注目的，因为（1）

它以毫不妥协的方式抨击了所有各类权威，（2）它是我们遇到的第一个尝试不在任何教条主义的基础上，而是在理性的基础之上构造一种‘世界观’。”尽管这一评论有言过其实之嫌，尽管皮尔逊的基本哲学立场和一些具体观点使人难以接受，但他推理之强韧，思想之绵密，涵养之丰富，方法之娴熟，以及把科学与哲学熔为一炉的写作技巧，无论如何是令人叹服的。皮尔逊的科学哲学思想也主要体现在《科学规范》中。

皮尔逊接受了马赫感觉论和反形而上学的立场，但是他却直率申明要用“健全的观念论”代替早期物理学家“粗糙的物质论”。他强调科学的社会背景，认为良好的公民需要把科学的精神习惯应用到日常生活中去。他似乎把这看作科学活动的正当理由和主要价值，但是他也看到科学本身可在其方法中得到辩护。

像马赫一样，皮尔逊也注重“科学的统一”，但这种统一取决于科学的方法，而不是取决于科学的材料。这种方法是以证实为基础的，它排除形而上学。形而上学家是诗人，只要认出他，他就不会造成什么损害。在皮尔逊看来，可接受的道德理论与其说是从哲学家的沉思中发展出来的，还不如说是从生物学家的实验中提取出来的。

皮尔逊注意到，科学定律是描述许多现象之间的复杂关系的简洁公式。定律的“发现”是创造性的想象而不是按部就班的想象，它们是人类精神的产物。他追随英国动物学家和心理学家摩尔根说，外部对象是建构，即是“直接的感觉印象与过去的或储存的感觉印象的组合”。他指出，真实的对象和想象的对象之间的差别在于：真实的对象依赖于直接的感觉印象。

皮尔逊对感知（储存的感觉印象的物理联系）和概念（它们的心理联系）做出明确的区分。这意味着感知只不过是印象的共同表象，而概念则是关系的"辨认"。但是，物理的东西和心理的东西的差别仅仅在于程度，而不在于类别，因为物理学和心理学二者都处理感觉印象之间的关系，尽管是从不同的立场处理的。总的说来，人的大脑以同一方式工作，因此一个人与另一个人接收相同的感觉印象，形成相同的建构物，这就保证了科学的普遍正确性。

我们力图把我们的感觉印象投射出去，并把它们视为外在于和独立于我们自己，皮尔逊认为这是错误的。因为外部的和内部的区别是任意的，无非是实际的方便。人们不能断言感觉印象原因的存在，他把这样的存在的可能性悬置起来。

科学的某些概念不是直接的感觉印象，例如原子和分子。正好有两种可能性：科学家可以把原子视为真实的，从而能够具有直接的感觉印象，或者把它看作是理想的，从而仅仅是在形成定律时帮助他们的智力概念。与此对照，形而上学的概念则是与感性知觉无关的。

皮尔逊得出结论说，科学不是说明而仅仅是描述，科学只能描述现象"怎么样"，从来也不能说明"为什么"。例如，牛顿运动定律用最简单的可能术语描述广泛的现象，即感知的"程序"。说它支配自然，则是把 law（法、规律、定律）的其他意义与科学意义混淆起来。因果陈述是过去经验的规则序列的记录，不能说在它们中有必然性。皮尔逊利用与人有关的论据坚持认为，不能把力看作原因，因为在感觉经验中不能发现它们。力无非是把我们对运动解释的无知掩饰起来的名词。必然性的观念只适合于概念之间的关系，而不适合于感知之间的关系。预言和知识之所以是可能的，只是因为我们发现在我们感觉印象中的重复。即便如此，我们的知识仅仅是可知的，严格地讲应称其为信念。

科学的整体包含着感知的科学和概念的科学。科学概念一般起源于感知的概念的理想极限，这尤其在世界的数学处理中是很明显的。经验的空间和时间是感知模式。空间是关于下述事实的心理表象：感知具有把共存的感觉印象分为联系起来的印象群的能力。时间表示感知在空间一个位置的相继进行。无论空间和时间都不是无限的和无限可分的，因为每一个都要受到我们感知能力和辨别能力的限制。概念的空间和时间即数学的空间和时间是它们的经验的相似物的理想化，并且没有受到它们限制的损害。

皮尔逊认为科学的目的是建构宇宙的概念模型，建构是帮助我们描述现象相关和顺序的手段。由于认识不到这一点，科学家便接受了力、质量、原子以及生物科学中的生命的定义，这是用形而上学的朦胧弄迷糊了的定义。他对这些根本的概念做了批判、经验阐明和修正，力图消除形而上学的朦胧。为此，他也成为以马赫和彭加勒为首的批判学派的代表人物之一。

四

正当皮尔逊作为一位应用数学教师和科学哲学家受到人们的尊敬时，有两件事改变了他的专业研究方向。其一是高尔顿（1822—

1911）的《自然遗传》在1889年出版，其二是1890年任命韦尔登（1860—1906）为大学学院动物学乔德雷尔教席教授。

《自然遗传》概括了高尔顿关于遗传的相关和回归概念以及技巧方面的工作，明确思考了它们在研究生命形式中的可用性和价值。在该书出版那年，皮尔逊在前面提到的那个小俱乐部读了一篇评论此书的论文，他了解到相关和回归的数学问题并未弄清。他对高尔顿的相关概念的含义十分着迷，看到这是一个比因果性更为广泛的范畴，因果性只是它的极限。它把心理学、人类学、医学和社会问题引入数学处理的领域。皮尔逊立即决定全力为统计学这一新学科奠定基础，他在接着的15年内几乎是单枪匹马地奋战在这一前沿领域。韦尔登在1891年初受命后，开始应用、拓展、改善高尔顿的测量变异和相关的方法，以寻求支持达尔文自然选择理论的论据。这些工作不久便使他在经典误差理论外碰到了一系列难题，这位剑桥动物学家的数学能力是难以解决它们的。韦尔登请求皮尔逊帮助。

皮尔逊结合准备格雷沙姆讲座和大学学院统计理论的两门课程（1891—1896），对来自生物学、物理学和社会科学的统计资料做了图示的、综合性的处理，讨论了概率理论和相关概念，并用掷硬币、抽纸牌和观察自然现象来证明它们。他引入"标准离差"术语代替麻烦的均方根误差，并论述了法曲线、斜曲线、复合曲线。他关于变差和相关的4篇材料发表在《哲学学报》上。他创造出3个、4个乃至 n 个变数的正态相关的一般理论，揭示出早先探索的斜相关和非线性回归的一般理论。1896年5月14日的讲演稿表明，皮尔逊已在判断误差、测量误差、个体观察者的"个人误差"的时间变量的实验和理论材料方面做出了显著的进步。

这些讲演标志着统计理论和实践的新纪元的开始。在1893—1901年间，皮尔逊向皇家学会提交了35篇统计学问题的论文。到1906年，他发表了另外的70多篇论文，进一步使统计学理论和应用具体化了。他的主要贡献是：统计学的一些重要问题，相关理论及其在遗传学中的应用，数理统计检验及其检验结果相应程度的一致性判据，统计假设所预期的结果，频率曲线（称为皮尔逊频率曲线系）的应用，矩量方法的应用，等等。显然，皮尔逊在这个时期把统计学牢固地建成了一门科学，但是其目的不是为发展统计学而发展它的理论和技巧，而是为研究遗传和进化问题而发展它的。

皮尔逊发展矩量方法是为了决定某些特定形式的频率分布的参数值，该形式是选择用来描述已知的一组观察数据或实验数据的。从他就该课题所发表的一系列专题论文的头一篇（1894）的标题"进化的数学理论文稿"中，人们不难看出他的意图。

皮尔逊曲线系的基础包含在该系列的第二篇论文《齐次材料的斜变差》（1895）以及后来的两篇补充论文（1901和1916）中，他在这些论文中分别定义了曲线类型Ⅰ至Ⅻ，并讨论了它们的应用（由于矩量方法充当中心角色而变得容易了）。这些曲线包括有限值域和无限值域的对称和非对称曲线。皮尔逊提出它们的目的是提供各种频率曲线的选择，以适应于作为"修匀曲线"的数据，同时提供一种或多或少精确地描述我们观察到的资料的数学结构。在随后的几十年中，生物学家和社会科学家广泛应用皮尔逊曲线来处理观察数据，结果消除了人们把正态分布作为生物、物理和社会现象的变差的唯一数学模型的信仰。该曲线系在统计理论和实践中取得了未曾料到的重要性，这是由于发现许多统计适合于正态、二项和泊松分布的小样本分析，通过一个简单变换，它们即可由皮尔逊曲线表示。

皮尔逊在高尔顿、韦尔登等人关于相关和回归统计概念和技巧的基础上，建立了现在所称的极大似然方法，把一个二元正态分布的相关系数最佳值 ρ 用样本积矩相关系数 r 表示，可以恰当地称其为“皮尔逊相关系数”。在关于相关理论和在遗传问题上的应用的第一篇基础论文《回归、遗传和随机交配》（1896）中，他还推出了现在称之为“多重”相关系数和“偏”回归的表达式，给出了预言（群体）特性平均值的偏回归方程，并由此预言特性的值的大样本误差公式。在这篇论文中，皮尔逊几乎圆满地使多元正态相关的理论发展成一种实用工具。

皮尔逊在这篇论文的脚注中已经意识到，回归的线性特征和群体的综合特征（积矩）相关系数不能推广到多元斜频率分布。他在《斜相关的一般理论和非线性回归》（1905）一文中处理了这个问题。他在其中论述了相关比 η 的性质，对回归曲线的不同形式和数组内的变异性的不同模式进行了分类，给出了抛物、三次和四次回归曲线的系数的显公式。他显然偏爱他的矩量法，这是经典的最小二乘法的发展。总之，皮尔逊的斜相关理论和非线性回归，不仅使高斯的工作精致化了，而且也是向新方向迈出的重要一步。

为了验证在由连续变化的物理特性的遗传研究中发现的相关是否对于不易控制的心理和智力特性也成立，皮尔逊做出一系列努力，力图把相关方法推广到二元数据。在《论不能定量测量的特性的相关》(1900)中，他引进了“四项”相关系数 r_t，给出了大样本下 r_t，样本误差的标准差公式。为了应付中间情况，他在1909年的一篇生物统计论文中引进了相关的“双列”系数 r_b。在1910年的论文《一个变元由二者择一给出而另一个变元由多个范畴给出》中，他又引入了“双列 η”。20世纪头20年，这几种系数在皮尔逊和他的生物统计学派的生物统计学、优生学和医药研究中扮演了十分重要的角色。

1914年9月，主办《生物统计》杂志的皮尔逊收到了费希尔的论文手稿，其中提到具有任意相关度 $-1 \leqslant \rho \leqslant +1$ 的二元正态总体中任何 $n \geqslant 2$ 的随机样本中 r 的一般样本分布，并指出对大的正的或负的 ρ 值甚至对大样本量的分布的极限性。皮尔逊热情地做出反应，认为费希尔非常完全地得出了 r 的确切分布式，取得了非凡的进展，并希望费希尔抽时间把最后一页推广一下。手稿的最后一页引进了 r 的两个变换，与皮尔逊的思维方式不相干。皮尔逊本想在不损及费希尔漂亮理论的前提下解决他的实际困难，并就选择 ρ 和 n 值提出了他的关于 r 的频率曲线坐标表的项目。费希尔表示欢迎这个建议，但他关于概率积分的论文进展很慢。

皮尔逊和他的几位工作人员没有去竞争，而承担了另一项繁重任务：发展 r 分布矩的可靠公式，计算 ρ 坐标的数值表。从二人通信看，他们在1914—1916年间的关系是相当友好的。

皮尔逊等人关于小样本相关系数分布的努力结果在1917年5月以“合作研究”的论文在《生物统计》上发表。这篇论文是真正纪念碑式的事业，不幸的是，它对实际的相关分析没有产生长远的影响。该文中包含的一些材料（“论决定样品总数中‘最可几的’相关值”一节）加深了二人的裂痕。皮尔逊的材料是针对费希尔 1915 年关于《观察到的样本相关与整个总体相关的最可几值之间的关系》的论文的。皮尔逊指出从观察到的 r 估计 ρ 时的荒谬性，这等于用鞭子抽打死马。

1920 年 8 月，费希尔寄给皮尔逊一份手稿《论小样本推导的相关系数的可几误差》，其中提出的变换式有可能回答皮尔逊提出的类型问题，费希尔在文稿中以嘲笑的口吻批评了“合作研究”中的贝叶斯定理的应用。皮尔逊看后把手稿退了回去，并说明费希尔的文章不能以现在的形式发表，他更乐于看到他在其他地方发表。他认为费希尔是错的，他无法提供版面争论。这种交锋点燃了双方固有的好争论的气质，最后发展成狂暴的争吵，造成了许多不幸。

1926 年，皮尔逊证明样本回归系数的分布分别是关于相关总数回归系数对称的类型Ⅶ分布。随样本大小的增加，它对 r 分布更急剧地倾向于正态性，以致利用皮尔逊的回归系数标准误差对于低 n 值比在 r 的情况中可靠。尽管相关和回归分析的步骤今天不同于皮尔逊和他的同事原先提出的步骤，但是前者是建立在后者的基础上。皮尔逊在世纪之交采取的步骤无论如何在当时来说是开拓性的、富有独创精神的。

对于用来估计总体参数的样本函数在大样本中的标准误差问题的第一个普遍探讨，是由皮尔逊和年轻的法国数学证明者菲隆在《论频率常数的可能误差及随机选择对变异性和相关的影响》一文中给出的，该文于1897年11月在皇家学会宣读。在第二节中，有现在熟悉的关于总参数群的样本估计者的渐进方差和协方差表达式的第一个推导。今天，这些公式常与费希尔的论文《论理论统计学的数学基础》(1922)联系在一起，这是因为二者在数学上是等价的，但二者意指的东西则完全不同。这也许是皮尔逊和费希尔长期不得和解的主要障碍。

皮尔逊在《生物统计》上发表的一组编辑部文章又重新返回到这个课题，文章的总标题是《论频率常数的可几误差》，这是为答复读者的询问而准备的。第一篇(1903)处理的是统计学直方图中的胞腔频率和样本形心矩的标准误差以及二者之间的相关。第二篇(1913)从一般二元分布推广到样本，是由皮尔逊的讲演笔记整理而成的，其中给出了统计学中的许多有用的计算公式。第三篇(1920)处理的是样本中位数、四分位数、十分位数以及从一般单变元分布随机取样中的其他四分位数之取样离差的标准误差和它们的相关，讨论了估计正规总体与大样本两个对称量之差的标准离差的相对效率，弄清“最适度”原来是7%和93%之差。

《哲学杂志》1900年6月刊载了皮尔逊一篇有名的论文，他在文中引入了一个准则 $X^2=\Sigma\,[(f_i-F_i)^2/F_1]$，它是观察和假设之间一致性的量度，用来作为确定概率的基础。其中差 f_i-F_i (i=1，2…，k)以这样的概率共同地起因于随机取样的不可避免的涨落，f_i 表示在k个互斥范畴第i个中观察到的频率，F_i 是对应的理论频率。他导出 X^2 在大样本中的取样分布是k的函数，发现它是类型Ⅲ分布的特化形式，现称为“关于k–1自由度的 X^2 分布”。X^2 准则开创了统计决策的新纪元，它无疑是皮尔逊在统计理论和实践方面的最伟大贡献之一。1904 年和 1911 年，皮尔逊又两次把他的 X^2 准则加以推广，用来检验统计学的一些问题。

在皮尔逊具有高度创新精神的 15 年间（1891—1906），除上面提到的为统计学打基础的重大贡献外，他还展开了若干其他论题，后来它们都成了统计学和其他学科的重要领域。1902 年，他以《论泊松方程判断误差的数学理论》为题发表论文。在《关于 F. 高尔顿问题的评论》（1902）中，他导出了统计学取样理论中的一个最早的表达式。1905 年在《自然》杂志上，他探讨了“随机走动问题”，这个问题今天不仅在处理布朗运动理论，而且在处理物理学、天文学、生物学和通信工程中的一些问题时都起着重要作用。

皮尔逊从他 1896 年关于相关和回归的第一篇基础论文起就卷入到遗传和进化的研究中，他充分证明了他的新数学工具在解决这些问题中的价值。在《史前人种身高的再建》（1898）和《论亲族遗传定律》（1898）中，他导出了各种亲族回归和相关系数的理论值，检验了高尔顿的身高资料，并提出推广了的高尔顿亲族遗传定律。他宣称：“……把全部复杂的遗传影响的迹象纳入简单的描述性的陈述中是十分可能的。如果达尔文的进化是与遗传结合的自然选择的话，那么必然可以证明，囊括整个遗传领域的单一陈述对生物学来说就像引力定律对天文学家一样是划时代的。”

在 1889 年和 1900 年夏季假期，皮尔逊在许多自愿的朋友和同事的帮助下收集资料，以检验新奇的同型理论——同一亲代子女之间的相关应该等于无差别的个体同类器官之间的相关——是否正确，结果于1900年10月6日向皇家学会递交了专题论文《论同型原理及其与遗传的关系》。贝特森这位生物学家和遗传学的先驱者被选为论文评审人，他刚刚皈依孟德尔理论。该文的摘要（大概只有5页）于11月15日宣读了，但贝特森却尖锐批评论文的论题就是错的，其他在场的人也随声附和批评它的长度和内容。

第二天韦尔登写信给皮尔逊说，看来斗争是不得不进行下去了，是否能创办一种杂志支持新学科的发展呢？皮尔逊赞同这个好主意，于12月3日致信高尔顿，指出贝特森的批评不仅针对这篇论文，而且是针对他本人的全部工作和统计学的方向的。12月29日，韦尔登写信请皮尔逊给杂志取一个比他想到的更好的刊名。皮尔逊复信建议："未来的科学应该称为biometry（生物统计学），它的正式刊名是《生物统计》。"在谋取了足够的财政支持后，该杂志于1901年10月创刊。韦尔登、皮尔逊（他是主要负责的，而且多年是唯一的编辑）和达文波特任编辑，高尔顿同意做"顾问编辑"。创刊号的编辑部文章是《统计生物学的范围》，论述了新学科的研究方向和打算刊登的文章的内容。该杂志在皮尔逊的主持下，成为世界上生物统计学的第一流杂志。

只是在皮尔逊直接上诉（以普遍原则为据，而不是以个人的不公正为据）皇家学会主席之后，《哲学学报》才于1901年11月12日发表了皮尔逊的论文。在此之前，贝特森准备了敌对的详尽批评。在贝特森的压力下，皇家学会秘书把礼仪抛在脑后，容许提前印刷贝特森的批评，并把它在1901年1月14日发给与会会员，此时皮尔逊的完整论文还未送交到会员手里，皮尔逊也未被告知是否接受发表。结果，贝特森的批评文章抢先在《皇家学会会议录》发表了。皮尔逊十分愤慨，他在《生物统计》上发表了答辩贝特森的文章，并声称不给对方在该刊答辩的权利。

关于同型理论论文的争吵，不过是19世纪90年代以高尔顿、韦尔登和皮尔逊为首的生物统计学派和以贝特森为首的一些生物学家就进化的本性进一步分裂的表现。前者认为，新种的进化是小的连续变异之影响逐渐积累的结果，而贝特森则认为不连续的“跳跃”对新种的进化来说是必不可少的。当孟德尔的学说1900年在大陆复活时，该学说的“显性”和“分离”理论的特殊本性显然与贝特森的观点一致。贝特森不仅自己变成了孟德尔主义者，而且极力使英国的生物学家都皈依孟德尔学说。此时，韦尔登和皮尔逊则成为高尔顿亲族遗传定律的信徒，贝特森素来厌恶该定律，由此在“祖传派”和“孟德尔派”之间发生了激烈的争论。皮尔逊和韦尔登并非完全拒绝接受孟德尔学说，而是担心在没有考虑显性和分离定律与其他工作有某些不相容的情况下，过于匆忙地把孟德尔主义看作完美的福音。韦尔登认为孟德尔主义对亲族遗传定律来说是一个不重要且不方便的例外，皮尔逊认为从后者可以直接导出前者，他力图把二者纳入单一的系统，但后者占优势。尽管在接着的10年间孟德尔学说牢固确立起来，但并没有完全消除生物统计方法的用途和意义。

韦尔登1906年6月去世，对皮尔逊无疑是一个沉重的打击，而且他的一些亲密助手和同事也离去了，皮尔逊无法继续开展他15年前开创的工作。但是，他的创造力并没有萎缩，在生涯的最后30年内，他发表的东西多达300项，这时他把注意力投向优生学。1906年后期，84岁的高尔顿把他一直领导的优生学资料室移交给皮尔逊，易名为优生学实验室，并于1907年移交大学学院，由一小部分人从事相对重要的酒精中毒、肺结核、精神病以及婴儿死亡的遗传和环境研究。研究结果以民族退化研究和优生学实验室报告的形式发表。后来的13种出版物作为《人类遗传文库》(1909—1933)面世，收集了大量的家谱系，形成了讨论变态、错乱的遗传及其伴随后果的基本材料。

皮尔逊在1906—1914年间曾致力于发展研究生中心，以便使统计学成为具有他本人的技巧和术语的应用数学的一个严肃分支，把统计学家训练成真正的科学家。在这一时期开初，他不仅是应用数学系主任，而且负责工程研究绘图室，给晚班学生讲天文学，指导生物统计学和优生学实验室，编辑各种出版物。1911年夏，他放弃了哥德斯米德教席教授职位，担任了第一任高尔顿优生学教席教授和新的应用统计学系负责人。是年高尔顿去世后不久，他应高尔顿亲属的请求，开始为高尔顿写传记。《F.高尔顿的生平、著作和工作》直到1930年才出齐，这三大卷传记是关于高尔顿、皮尔逊本人和早期生物统计学的最详尽的信息来源。

在第一次世界大战期间，皮尔逊的小组也卷入了战争，他们为计算者出版了一系列宝贵的计算手册。在1925年，他创办了《优生学年刊》，并作为头五卷的编辑。他和助手们编制的《统计学家和生物统计学家用表》(第一编，1914；第二编，1931)其价值似乎是永恒的。《不完全γ函数表》(1922)和《不完全β函数表》(1934)

是在他指导下用了多年时间编制的，对他和他的合作者来说是纪念碑式的著作。

1932 年 7 月，皮尔逊正式通知大学学院，他要在翌年夏天辞职退休。1933 年 10 月，校方同意他的辞呈，并按照他的意愿为他在动物学系保留了一个办公室。他只要有可能，还像以往那样按照学院的作息时间规则地生活和工作。他在数学领域还是活跃的，并与人合作写了一篇论述克伦威尔执政时期的历史论文。他假期喜欢去距伦敦不远的萨里郡的金港湾度假，步行 10 多英里到一个鲜花盛开的坡地。面对生机勃勃的大自然，他不由自主地哀叹：“当我们正想专心工作时，我们却太老了。”

1935 年，皮尔逊的精力明显衰退了。繁忙的工作终于耗尽了他的体力，尽管他依然渴望为他献身的事业继续尽力。直到弥留之际，他还坚持看完了《生物统计》28 卷的几乎全部校样。1936 年 4 月 27 日在金港湾，这位不知疲倦的学者的心脏停止了跳动，此时外面的山野正是春意盎然。

几天后，在伦敦举行的葬礼上，人们静静地倾听献给他的诗句：

这个人没有决意过日子。
而是决定去认识——
这个人葬在哪里？
在这里——这里是他的归宿。
这里浓云密布，
电光闪闪，

星转斗移！
让欢乐驱除风暴，
让平和普降甘霖！
高超的设计必须迫近相同的结局：
高尚地安息。
永别了——难道还有比人世间更崇高的，
生与死。

紧接着响起了贝多芬的第七交响乐第二乐章的乐曲，其意告诉人们，欢乐驱除了风暴。

（作者：李醒民）

罗吉尔·培根

新时代最早的科学思想家

罗吉尔·培根

（Roger Bacon，1214—1294）

在浩繁的西方古典文献中，人们能见到柏拉图的《理想国》、亚里士多德的《形而上学》、托勒密的《至大论》，甚至奥古斯丁的《上帝之城》及托马斯的《神学大全》，却很难见到罗吉尔·培根的《大著作》。这实在是一种历史的不公正，因为就中世纪的学术水平来看，《大著作》无疑是一部真正的百科全书，其结构之完备和材料之新颖，在当时没有一本作品能与之媲美。罗吉尔·培根渊博的知识与他悲惨的命运实在太不相称。由于教会的迫害，他应有的荣誉不仅在当时遭受贬损，至今了解他在科学上的贡献的人也不多。历史应当做出公允的解释，本文就是想对这种状况做出部分的解释。

一、坎坷的学术生平

如果说但丁是中世纪最后一位诗人，是新时代最早一位诗人，那么罗吉尔·培根可以说是旧时代最后一位具有科学思想的学者，也是新时代最早的一位科学思想家。在哲学史中，罗吉尔·培根尚能跻身于哲学家的队伍里，其实在科学思想史中，他的形象应该更加光辉。他在精神上是接近他以前的伟大的阿拉伯人或以后文艺复兴时代的科学家的唯一人物。他经常抱怨自己几乎完全孤独的处境，抱怨生活上的不幸，抱怨权势者们在科学知识上所设立的种种障碍。英国著名科学史家丹皮尔曾说过：“他一生的悲剧，一半是内心的悲剧，一半是外在的悲剧；一半是由当时学术环境中他的思想方法的必然局限性所致，一半是由教会权威对他的迫害所致。”

罗吉尔·培根大概生于 1214 年，死于 1294 年，他出身于英国一个很富裕的贵族家庭。7 岁或者 8 岁就开始受教育，13 岁进入牛津大学，后来当了教员。

1236 年，培根到巴黎大学一面教书一面自修，受到经院哲学的全面教育。1241 年，他获得巴黎大学文学硕士学位。那时，巴黎被人们称为“新的雅典”，但这位终生都顽强学习的“中世纪思想之王”并不满意。当时学术界盛行着一些恶习，人们不研究自然、不研究原著，到处是无聊的争论，甚至常常用对评论的评论所做的结论来滥竽充数。罗吉尔·培根对此表示了极大的义愤和轻蔑。他参加了托钵修会方济各会。这种宗教组织不是从贵族里吸收成员，而是从平民中来补充成员，他们采取了一种新理想：救人才得救己。托钵僧反映了中世纪欧洲促使封建制度垮台的革命力量在逐渐形成，因而深受大学生欢迎。罗吉尔·培根在此十多年里，花了 2000 法郎用来买书、买仪器、买图表、请助手和“同智者交朋友”。由此他获得“万能博士”之美称。

大约 1252 年，培根又回到了他曾卓有成效地任教的牛津大学。但他敢于向传统挑战的姿态，激怒了学校当局。以一个偶然的事件作为借口，1257 年他被剥夺了授课的权利，被赶出大学。这还只算是对他叛道精神第一次小小的警告。根据方济各会的头领、神秘主义者博纳文图拉的旨意，罗吉尔·培根被赶出了英国，在粗鲁的僧侣的严格监视下，住在巴黎寺院里，被折磨了长达10年之久。看管他的教徒们除了让他吃喝，不许他写作，不许他与任何人见面。他之所以参加方济各会是因为这个组织常以外表贫困而赢得一部分群众的支持，万万没有想到会落得这样的下场。

1265年，克莱芒教皇的使节屋利克接触了培根。他得知培根的一些想法后，非常高兴，称赞他的思想。这样屋利克和克莱芒都突然成了培根的最高保护人。屋利克经常秘密与培根来往。培根也向教皇吐露他想写一部百科全书式的《大著作》。1266年教皇给培根的第二封信中写道："……我们愿意更好地知道你的愿望，我们请求你尽可能快地给我们寄来你誊写清楚的著作……不要顾及任何天主教的禁令和你们僧团的规章……我们还希望你在信里谈谈如何铲除你认为是真正危险的邪恶，并希望你高度秘密地、毫不迟延地开始工作。"这位教皇是一位开明的法律专家、战士和政治领袖，他从维护宗教利益出发，做了违背宗教本质的事。看来传统势力和经院哲学教条的束缚连教皇也为之心悸。

教皇的期望给培根以巨大的鼓舞，也带来不少困难。在培根受监视前，已为科学事业花掉2000法郎，这时就显得更加拮据了。为了使伟大的理想成为现实，他向朋友借贷，凑足了购买文具和支付誊录员的费用，以惊人的毅力，经过15—18个月的奋斗，完成了巨著《大著作》。全书有三卷，分七个部分：（1）人类谬误的原因；（2）哲学与神学的关系；（3）语言研究的重要性；（4）"由天文学、光学、神学、年代学和历法修改必要性所证明的"数学的重要性，其中包括有关地理方面的论文；（5）光学；（6）实验的科学；（7）讨论人与上帝和其他人的关系的道德哲学，其中也有对宗教进行比较研究的经验。1267 年他把《大著作》的手稿寄给了教皇。紧接着又写了两部，一部叫《小著作》，一部叫《第三著作》，以补充第一本的内容。

不幸的是，1268 年克莱芒教皇去世了，新任教皇阿斯科利是培根的死敌。培根失去了保护人，他的著作的某些手稿只好被封在牛津方济各会高等学校的书橱里。虽然著作的原本已经失传，但他的论文的手抄本却已散布在欧洲的一些藏书馆里。后来，他又计划写另一部百科著作，但只出版了部分篇章。1268 年他写了《自然哲学总则》《数学科学总则》。1272 年，培根又开始写《哲学研究纲要》。至于这个宏伟的计划如果能实现，究竟会给当时欧洲智慧的花篮里增添多少美丽的花朵，很难凭空猜想了。人类哲学史上一次认真的思考被打断了，因为培根对方济各会和多明我会的名人们提出过批评，他还没来得及完成全书，1278 年就被阿斯科利教皇因有标新立异之嫌而关进了监狱，在那里被折磨了 14 年之久。直到 1292 年阿斯科利死了，罗吉尔·培根才从监狱里放了出来。在那里，他还写了一本小册子名叫《神学概要》。他回到故乡牛津，大概是 1294 年在那里去世的。

罗吉尔·培根始终认为“古代哲学”是科学来源之一，他说对古代的智慧和科学的漠不关心会导致不学无术。尽管培根颂扬古代文化，但他不是用停滞不变的观点来对待古代。他说：“知识和智慧在现实生活中能够经常地增长，因为任何东西在人类的发明中都不是完善的。我们后辈应该补充古代所不足的地方，我们在继续前人的劳动时，如果我们不是笨驴，就应该有提高的要求。”他的科学思想不仅吮吸了古代哲学的乳汁，而且还直接受到同时代先辈们的启发。

在牛津学习时，培根曾受过两个安格鲁人的教诲：一个是牛津大学校长罗伯特·格罗斯泰特（1175—1253），另一个是数学家亚当·马什（？—1258）。培根曾说过：“在我们的时代，前任林肯郡主教罗伯特爵士和修士亚当·马什可以说是无所不知。”

格罗塞特懂希腊、阿拉伯及古代欧洲语言，他对培根在语言方面的研究有着直接的影响，而更主要的影响是自然科学和数学的思想。格罗塞特企图用物理数学规律来说明宇宙的全部结构和运动，这是当时思想界沟通哲学与科学的最早尝试。

二、唯物主义倾向的物质观

培根在对物质的认识方面远远超过他的同时代人。不过只有弄清了培根在哲学上唯名论与唯实论的斗争中扮演什么角色，才能理解他对物质问题的独特见解。

培根对共相问题的看法是：共相只存在于个别之中，无论如何也不依赖于心灵。他不同意唯名论把“一般”主观化，却认为：“一般”是客观地存在着，但不是在超验的世界和上帝的意识中，而是在单一的物体中。只有个体才具有真实的实在性，它们无条件地高于一般。可以说，在唯名论和唯实论的争论中，培根已越出了经院哲学的界限，他摒弃了一切经院哲学的烦琐思想，坚决地把最具体的“物”提到首位。

罗吉尔·培根似乎是一个炼金术的理论家，他早年曾经在牛津秘密地进行过炼金术的实验。他对物质的看法在他的炼金术著作中论述得十分清楚。凡熟悉亚里士多德的四元素（土、火、水、气）和论四种与此相联系的“原质”（冷、热、湿、干）的学说的人，一定会认为培根无非是重复他的理论。其实，进一步考察就会发现所有这些范畴、旧术语不过是培根充满新内容的招牌和外衣，透过外衣往里看，内容深刻而又丰富。他把炼金术分为思辨的和操作的，思辨的即论述从元素生成物体及各种金属、矿物、盐等，操作的是教导如何用人工制造比天然更好的东西（包括黄金）和用蒸馏、升华等方法，制造有效的药物。早在巴拉塞尔苏士之前，培根就强调过，医学应该使用化学提供的药物，并且他认为化学是在物理学和生物学中间的科学。培根在他的著作中还描述过从中国传到欧洲去的火药。除此以外，培根还探索出了取得磷、镁和铋的方法。

培根和所有炼金术经院哲学家们尖锐分歧的焦点是关于物质统一性的问题。这个问题的论据是他对共相问题见解的直接继续。培根认为实物的多样性和它们活动的不同特性只能用它们物质基质的多样性和不同特性来解释。他企图区别天上的物质与地上的物质，生物的物质与非生物的物质，企图用经验的材料，特别是对星球本质的观察来论证物质的多样性。这样看来，培根似乎认为，物质不是普遍的，那么自然界的一切，按其本质来说不可能是一样的。但是他否定了炼金术经院哲学家所理解的物质观。他们认为“第一性的物质”是万物的基础，它是不变的底色，在它上面完成着各式各样的物质转化，物质是神秘的“万物始源”，是“最初的原则”。而培根提出了相反的看法，他不是把不同物体的色、香、味和相对量等现象视为完全自然的起源，而认为它们反映出物“在自身内部”就是不同的，并具有特殊性。这种解释非常接近于近代哲学中的“质”。培根说，物有不同的特性（色、重量、气味等），因为它们是以要素的不同量的关系而构成的，这种特征与量的范畴的联系是培根对“特征”解释的最著名的特点之一。在分析物质结构的问题上，培根否定了德谟克利特的原子论。他试图论证两个基本观点：虚空是不存在的，物质是无限可分的。他竭力运用复杂的数学推翻“点”的观念，同时也试图去论证几何线段的无限可分割性。他似乎也承认分割的阶段性，当物质被分割到很小时，就有某种类似分子的粒子存在。他想用现代科学上所称的“分子运动”来解释许多物理的或者化学的事实。他试图在“自然的”运动形态和“强制的”运动形态的矛盾结合中寻找热现象的解释，因为当时科学和哲学的水平而未能引起人们的注意。培根一贯强调，基本范畴不是孤立的形式和物质，具体的物体便是物质和形式的统一，只有这种统一的完整实体才是真正的起作用的自然之本原。不过这样又会使形式失去能动性，从而使物质离开了潜在性的状态。这一小小的过失，并不影响培根的物质实体具有决定性的意义。他关于物质的这些见解，使他越出了 13 世纪的范围，接近于 17 世纪甚至 18 世纪的水平。

三、对数学、光学和宇宙的看法

在培根的自然科学思想中，数学几乎占据了重要的位置，他在用数学论证自然逻辑的时候写道："数学具有（论证）包罗万象的经验（方法）……这些经验适用于所有的科学……（而）任何一门（科学）要了解这些经验都离不开数学。"

他把数学当作哲学的真正基础，并认识到学习数学作为教育训练也是十分重要的。微积分的诞生像酿酒一样有着很长一段发酵时间。在这段时间里，罗吉尔·培根坚决认为不可分量论和不可公度性是不相容的，从而启发了像牛顿、莱布尼茨这样的许多知名数学家。

数学的发展只有在一个自由的学术气氛中才最能获得成功，在中世纪最明白这个道理的人恐怕只能是反抗权威最出色的罗吉尔·培根了。他虽然也劝人阅读《圣经》，但更强调数学和实验，而他的同时代人却完全忽视数学。培根埋怨道："数学很不幸，教父对它毫无认识"，他确信数学思想是与生俱来的并且是同自然事物本身相一致的，因为自然界是用几何语言编写而成的。他在《大著作》中鲜明地指出："神学家以《圣经》为依据，提出很多反对数学的东西，而有些人，对不管是真正的数学和虚伪的数学都毫无所知，因而不善于把真正的数学和虚伪的数学加以区别，他们轻信权威而把真正的数学同虚伪的数学一起加以指责。"那时通过阿拉伯，已译出不少伊斯兰教徒们的数学论著，里面常常有一些把数学应用到占星术上的例子。占星术作为宿命论的一种形式，与基督教的自由意志论是格格不入的，因此，同占星术一样，数学也被弄得声名狼藉了。但是培根鼓起勇气指出了数学这种厄运的真正原因，这在当时是多么难能可贵啊。

培根认为数学先于其他科学，数学知识似乎是天赋的，因为数学处理直觉所感知的量，所以它能给人们提供真理。他在《大著作》中证明所有科学都需要数学，他的论点表明他已正确认识到数学在科学中的作用。他把数学理解为九种科学的综合：一门一般的科学，也可以称之为数学哲学；四门理论科学：几何学、算术、天文学、音乐（声学）；与这四门科目相适应的四门实践学科：与理论天文学相应的是实践占星术，与理论几何学相应的是实践几何学（包括测量术、工程术和仪器工具制造法）等。另外，培根的数学还包括地理学和医学。他还论述了数学在国家管理、气象学、水文学、占星术、光学方面的作用。

培根认为：数量的关系是数学的对象。数学是一种理想的科学，只有数学能发现和表达完全可靠的经得起推敲的真理。所有科学的正确与否都是以它所应用的数学的真伪为基础的，任何科学原理的真实性决定于能以量的数学形式来表达。这种见解也许启发过马克思。

培根认为我们对其他科学的认识唯一地依赖于数学。这完全是毕达哥拉斯的影响和认识中的柏拉图主义因素。但从方法论的角度看，对经验和数学意义的坚定信念是这位 13 世纪科学思想家的伟大历史功绩，从这一点说培根是使 16 世纪到 17 世纪整个科学和哲学领域发生革命的机械论的预言者和先驱。

培根在物理学方面的主要贡献是光学及对辐射传播的各种现象的研究。

他对光学特别有兴趣的原因可能是因为他学习了阿拉伯物理学家伊本·阿尔海赛姆的著作的拉丁译本以及格罗塞特的强烈影响。培根叙述了光的反射定律和一般的折射现象，虽然他并没有制造过一部望远镜，但他懂得反射镜、透镜的原理，并且预言过类似望远镜、显微镜的仪器实际运用的可能性。培根在确定反光镜焦点的位置上，在解释光的反射角和折射角上，在研究球面像差的问题上都获得了重要的成果。他非常注意研究凹镜和凸镜的本性，断定凹镜有放大物体的特性。他写道："物体的图像可能被透明体分开，因此被分开的物体看来似近或似远，在非常远的距离以内，也许能念最小的字母，辨别最小的东西，观察星宿，我们盼望那些地方，……使月亮和太阳靠近地球……"，"……使隐蔽的东西成为可见的"。

作为归纳推理的一个例子，他提出一种虹的理论，这首次解释了雨滴在阳光中被折射出虹的现象。

培根的《透视学》一书是中世纪欧洲第一部主要的光学著作，它超过了格罗塞特甚至同时代波兰物理学家维帖洛的有关著作，在这部著作中可看到视觉的理论，它对研究光学规律提供了很多宝贵的材料，培根在其光学中广泛地运用了托勒密、伊本·西那，特别是伊本·阿尔海赛姆的成就。黑森的光学著作比古代光学著作前进了一大步，现在所使用的眼睛的部分名称，如"玻璃体""角膜""视网膜"等都是来自黑森的著作。培根的《透视学》中能看到生理学和心理学的因素，他把视力和视觉器官的学说也包括进去了，他是从清晰地叙述眼睛的解剖学和视力生理学开始的。他认为处在眼球中心的水晶体是有很多光学意义的。培根知道视觉不是在眼球内完成而是在神经中完成。这种见解是非常精辟的。他把视觉分为两个动作：光的运动由物体传向眼睛，然后由眼睛传向大脑，其实视觉的过程是在大脑，即“感觉的座位”中完成的，我们所以用两只眼睛能看见一个物体，是因为两个眼睛的神经在大脑中是汇合起来的。

培根对待先驱者们的遗产，不仅仅是继承而且是发扬，他给光学增加了一系列独特的成分，光（以及声、味等）借助于由物体上各点所发射出来的东西而直线地传播。

培根对光学的重视再一次证实了他的哲学上数学机械论倾向，即把几何学放在物理知识中的首要地位的尝试。不过培根用《圣经》的观点为光学做“论证”。这种做法对当时来说应该是可以理解的，根据培根的意见“像保护眼珠一样”的格言指出了《圣经》怎样对光学问题的重视，企图把光学的原则运用到“神学的启发”上去。他写道，上帝的灵光就像光线一样在完美的纯洁的灵魂那里透过，在不完美的灵魂那里曲射，在坏的和不纯洁的灵魂那里不透过而反射。

在物理学方面，培根还专门做过很多磁铁的实验，他像描绘“自然的伟大奇迹”那样描绘了关于磁铁的引力。他对运动的讨论仍然是步亚里士多德的后尘，不过，他尽可能想根据某些材料来研究蒸汽力。

从数学到光学再到天文学，在培根看来似乎是完全符合逻辑的一条线。对于宇宙的看法，他坚持了亚里士多德的地球中心说，很少有独到之见。值得注意的是，培根特别渴望从理论的知识中做出实践的结论，他感叹地说："权威人士不懂得天文学，而它该是多么重要，多么必需啊！"天文学是年代学和历法的基础，他强烈主张必须改革在那时所采用的不准确的儒略历，其误差是每 130 年便多一天。

培根坚决否认多宇宙，并且主张天和地是对立的。培根企图确定地球、月球、太阳和行星的直径，把天河睿智地看作星群。企图在涨潮落潮与月光之间建立起联系，这些都是很有意义的。另一方面，培根也非常注意关于约书亚似乎为了结束战斗而留住太阳的著名神话，这恐怕是与相信占星术一起所犯的最不应该的错误。对占星术的理论，培根的态度如何呢？他认为：占星术是研究"天空怎样改变物的"，"天体是一切变化的第一个本原，是世界上物质的原动力"。这些假科学的占星术幻想，是与培根许多有价值的幻想混杂在一起的，他甚至得出结论：占星术不能准确地预测到局部事件，但能预见到事件的一般进程。

四、关于地学和医学的精辟见解

为什么培根把地理学和医学也引入数学里呢？这是一个很有趣的问题。培根想确定人的行动对地理环境的依存性，而地理环境又依存于"天体"。他说："那些生活在不同的天体纬线上的人们的行动方式，由于他们的地理位置的不同而有区别，也就是说，住在接近于极地的人们的行动方式同住在南方的人比较起来是不同的……甚至同一个气候地带居民行动的方式都有区别……但这种区别的原因不在于人的本身（这不是由于他们合理的灵魂各有区别），而应该归于天体所赋予他们的身体的形态的不同……这种区别不仅与纬度相适应，同样也与经度相适应，尽管在这里的原因尚不大清楚。”

13 世纪西欧人的地理知识，一般水平是非常低的甚至于还不如古代。他们仍然以普林尼和托勒密的著作为基础，同时加上各旅行家自己所引证的材料为参考，大部分可靠的知识往往同纯粹是神话的材料交错在一起。培根在自己的地理学中，同样是既运用了文献材料，也运用了一些旅行家的经验，他实际没有给地理学增加什么新的东西。十分遗憾的是，他还不可能知道马可·波罗 1271—1295 年的中国之行，一些合理的原理在他那里与关于女儿国的以及关于走路不弯腰的人的荒谬的故事等混杂在一起。他用去很多篇幅象征地解释了“圣地”地理学，并确定了极乐世界的所在地。他可笑地写道：“大地因其圆的外形而叫作地球，它好像一个车轮。大洋沿着这个圆从各方面环绕地球，并把它分为三部分即亚洲、欧洲和非洲。”

在这些真理和谬误的混合体中，有一个理论却成为人类文明史中一个起很重大的历史作用的论断。培根根据亚里士多德的著作以及植物学方面的一系列原理，详细地证明了亚洲东岸接近于非洲和欧洲的西岸。他由此得出结论说，向西方做短期旅行，经过大西洋就能到达亚洲沿岸。15 世纪至 17 世纪的学者们广泛地运用了培根的《大著作》，比埃尔·达·阿里在15世纪初出版的《世界的形象》一书就引用过《大著作》的一处，详细地复述了培根的从西方取道去亚洲的可能性的理论。这本书是促使哥伦布决定自己著名的旅行的因素之一。哥伦布在自己的一封信中引证了《世界的形象》一书有关的一段。所以说，发现新大陆的功劳簿上还应记上罗吉尔·培根的名字。

五、“要认识真理必须进行实验”

培根说过：“凡是希望对于在现象背后的真理得到无可怀疑的欢乐的人，就必须知道如何使自己献身于实验。因为作家们写了许多报道，而一般人也相信他们离开了经验所做的推理。他们的推理是完全错误的。”看来罗吉尔·培根是一个重视经验的人，他从不迷信权威，甚至宗教的神圣结论以及在大多数人中流行的谬论。他驳斥了关于不用山羊的血就不能折断金刚钻的无稽之谈，并嘲笑关于海龙的荒诞传说，特别是当时一般人竟相信在容器中热水比冷水冻结得更快。这个结论的理论根据是亚里士多德的《气象学》第二卷：矛盾是由相反的东西所激起的。他善意地劝导人们：任何人如做这个实验，一定是冷水冻结得更快。

据有的学者考证，“实验科学”这个术语可能是培根提出来并赋予了它正确而丰富的内涵的。他断言只有实验才能有效地彻底地回答自然之谜。

他把经验分为两种形式：内部的和外部的。内部的是人通过内在启发的经验从上帝那里得到了一种理解力来认识恩赐和荣誉的神圣真理；外部的是被感情经验所唤醒的人找到了自然和艺术的秘密原因。经验的这两种形式之间的联系，在外部的特性上表现得更为突出，原因是"experientia"（经验）这个术语把这两种形式"结合起来了"。如果从本质上看，它们是有区别的，按其客体来说是自然的和上帝的，按其方法来说是人的感觉和理智的"启发"。关于地上的事物，我们只能由外部感官，主要是视觉来证实。那些不属于我们这部分世界的事物，我们是通过对它们有经验的科学家来认识的。培根举例道：亚里士多德根据亚历山大的特许遣送了 2000 人到世界各地去寻求大地表面上万物的实验知识，正如普林尼在他的《自然史》中所证实的。

培根虽然重视经验在认识过程中的作用，但他丝毫也不否认理性的重要地位。上面所说的"启发"的经验就是培根所指的理性。他把理性分为积极的和消极的。消极的理性是同人的肉体组织相联系的，而积极的理性是一种从外面渗入人的意识中的特殊实体。培根这些观点在某种程度上同巴黎的带异教色彩的阿威罗伊运动相呼应，这无疑是支持当时来自阿拉伯人的反托马斯主义的观念的。

理性能够帮助人们证实某些困难的断言，但无论如何也不能替代更不能否认外部的感性的经验。培根认为，这种经验既是人类的又是哲学的。经验在认识自然中占着绝对的统治地位。罗吉尔·培根的经验主义是指物理实验，这无疑是唯物主义的，他的经验是在客观现实世界得到的，而且是在感觉器官的参与下完成的。通过经验而获得的观念为某种客观存在提供了原型。

培根把自发产生的经验和通过辅助仪器而得来的经验加以比较，觉得后者更重要。他认为，科学家不应该是消极的，他应该“用艺术帮助自然”，特别是用适当的工具，基于这种思想，他还幻想了一种与天体的一昼夜运动刚好相符合的球形的古代观象仪。

培根甚至把其他一些实验家的证明也引入经验的概念中，在中世纪文化的环境里，由于哲学家们还没有制定出检验真理的标准，因而那些冒充学识渊博的后世者常常重复培根所反对的那些谬误。例如，酒在打碎了的罐子中三天没流出来等。这一现象说明，在当时历史条件下，培根不可能制定一套为众人所接受的检验经验认识的方法。培根也不是一个现代意义下的“经验主义者”。他在《大著作》中曾写道：“谁在探求真理时认为没有证据也行，那就最好请其抛弃经验。”他把自己的方法一方面同“思辨科学”相对立，另一方面同“纯粹实际的科学”相对立。“自然的经验是有的，但这是不完善的经验，这种经验……在方法上也没有弄清楚；运用它的只是工匠，而不是科学家。善于进行实验的本领则高于它，高于一切思辨知识和艺术，这种科学就是科学之王。”

六、一个浪漫型的科学家

德国化学家奥斯特瓦尔德曾经把科学家分为两类：古典派和浪漫派。古典派的特征是：在自己的学科领域转入另一领域是极其艰难的；浪漫派则不然，他们对多种多样的科学领域都有着百科全书般的知识，特别对边缘学科表现出强烈的兴趣，思维和概念纷至沓来，而通常并不深究细节，他们的创见和逻辑思维过程富有直觉性，常常由奇妙的联想引申而来，思维之敏捷好像飞鸟莅临太空，在科学的各个领域间自由翱翔。罗吉尔·培根是典型的浪漫派的始祖。1385年在达尔马提亚出现了特立乌的彼得的一本书，在这本书中写道："英国人罗吉尔·培根老兄与其说爱好写作实践哲学，不如说爱好实验哲学，他完成了一些奇异的实验。"作者还给我们提供了不少这些"实验"的例子。罗吉尔·培根想"用空气凝结"的方法建筑一座从法国到英国长达30英里的桥，再用使空气稀薄的方法把它破坏。他想在牛津大学设立两面镜子，学生们点上灯，借助一面镜子，而另一面镜子就能看到"世界的另一端"。

到伊丽莎白时代（16世纪下半叶），关于"罗吉尔老兄"的奇异的传说特别受人欢迎，卓越剧作家罗格林曾写了一部关于《魔术家培根》的剧本，其内容简直可以同《浮士德》相并列。培根企图把理论科学，首先是数学和透视学运用到技术上，他深信，朱里·恺撒在莱茵河南岸竖立起一些"大镜子"，这些镜子可以使他看见在不列颠的一些城市和兵营中所发生的一切。有人甚至认为，培根已经着手制出了这些望远镜、放大镜，这也未免太夸张了。实际上，就当时的生产力状况，要装备一架天体望远镜可能性是很小的，而制造某种类似眼镜的东西则有可能。

培根在军事上存在过许多幻想，例如，他认为可以用火镜烧毁全部军队，用一些特殊的镜子能够"把太阳、月亮和星星反射到我们敌人的头上"以引起他们的惊慌。他还断言，能够制造一种看不见的但能感觉到气味的气体，给敌军带去"传染病"，这不就是当今细菌武器的设想吗？在他的《大著作》中把从中国传去的火药称为“希腊火”，认为这东西是“只有花费很大力气才能获得的可怕的火”。培根把配制火药的成分叫作“硝石的盐”，是为了避免遭到政治迫害而使用的密语。英国的一位炮兵专家，专门研究了这个问题，他认为，培根实际上是制造了火药并观察过它的爆炸。

培根还有更多更美好的设想流传在他与朋友的通信中，如：可以制成只有一个人操纵的航行在江河和海洋里的船，比用很多人划的船要快；可制成一种不用马拉的速度惊人的战车；可制成一种由人驾驶的像鸟那样用翅膀飞行的机器；还有体积很小但能举起很大重量的工具；一种在海底和河底安全行走的机械。他对人类的智慧怀有无限的信心，他说：“我没有看见飞行的机器，我也不知道有谁看见过它，但是我相信一个聪明人会发明这个东西的原理。”茹科夫斯基的理论和莱特兄弟的实验证明了培根的预言。虽然培根以不可动摇的魔术家的声誉载入史册，但他却尖刻地斥责了魔术。他在信里斥责魔术分文不值，斥责魔术家是“流氓、骗子、耍戏法的”。培根写道：“至于咒语之类，毫无疑问，都是假的，令人怀疑的。不可思议的东西是有的，而且是不少的，它们被哲学家在自然和艺术的活动中发现，而无用的人却不能发现。”这是培根在嘲笑那些不知道或不会把知识运用于实际的只会念各类咒语的巫师。他认为：人在自己的活动中，只能依靠科学和实践。“离开自然和艺术的作用所完成的一切，不是人为的就是臆测和欺骗。”看来，魔术家在当时人们心目中的地位还是很高的，培根获得魔术家的称号正是因为他偏爱自然科学知识，特别是他具有超凡的技术思想和丰厚的研究成果。

七、罗吉尔·培根的历史地位

培根的治学态度和他那渊博的学识，使得后世研究他而为他的历史地位表示不满的少数学者们常常在对他的评语中显得言过其实。有人想把他说成一个优秀的发明家，认为他是第一个望远镜、放大镜的发明者；某些作者企图证明培根是轮船、汽车、飞机、起重机和潜水艇的第一个发明人；英国作家更惯于说他发明了火药。这些说法不是实事求是的。幻想在科学中的作用虽然是不可估量的，但离开了历史条件特别是当时生产力的水平和社会生活的需要，幻想仍然只能是幻想。这如同把今天的技术成果完全归功于凡尔纳、威尔斯一样是荒谬的。

培根自始至终是一个教徒，是一个方济各会的修士。方济各会是法国南部群众异端运动斗争最强烈时期由教皇英诺森第三批准建立的。他们忽视甚至仇视科学。当时，这个教团的总管朋那凡杜拉曾经说过："科学之树欺骗了许多生命之树，或者使他们受到涤罪所的最剧烈的痛苦。"培根虽然在其他方面猛烈地攻击经院哲学，但却相信巫术、占星术，并且赞同经院哲学的这样一个见解：一切科学与哲学的目的都是解释与装饰至高无上的神学。英国科学史家丹皮尔说得好："培根自己在精神上是一位科学家和一位科学的哲学家。他出世过早，常常不自觉地和自己狭窄的眼界的局限性发生冲突。""他虽然竭力挣扎，但总不能摆脱中世纪的心理习惯。"

这位著名的中世纪思想家口口声声是为巩固教会和赞美上帝而

效力，其实在那个时代，宗教只不过是某种文化和思想的载体。罗吉尔·培根对宗教的虔诚表现得那么忠贞，以致在维护基督的尊严和打击信仰的敌人时，采取了极为真诚的态度，那就是重视知识和科学的作用。在给教皇的信中，他说道：基督教有很多敌人，同他们斗争特别迫切。因为“基督教的敌人很快就要出现”，但与敌人斗争在理论战线上的唯一的出路就是需要加强哲学的实力，而“不学无术”又妨碍了这种哲学的建立，所以同“不学无术”作斗争和推崇真理的真正手段是科学不是神学。“所有哲学运动的意义就在于经过认识创造物而认识造物主”。

罗吉尔·培根佩服阿维森纳，追随阿威罗依，称他们为“哲学的君王与领袖”。看来，这位基督徒沾染了许多伊斯兰学术之习。罗吉尔·培根引证了塞内加、西塞罗、巴斯的阿戴拉德、圣哲罗姆和圣克里索斯托姆的著作。他博览群书，无书不读，特别是阿拉伯书籍和古希腊罗马书籍，这充分说明罗吉尔·培根实质上是反基督教的。他不仅在知识论上反对教会的专横，而且在道德哲学上也和它展开了无情的斗争。他认为一切科学的目的都是教导人们精神善良，他把人们现世的幸福当作最终目的。他用最大的力量攻击他所处的当时社会的弊端：“君主和老爷们互相迫害和掠夺，用战争和苛捐杂税毁灭自己的臣民。不列颠联合王国的人们想到的只是征服，而不是对正义的关怀……”他说：上层阶级沉溺于低级趣味和肉欲的享受，……淫乱和色情非笔墨所能形容。商人中充满狡猾、欺诈、无止境的招摇撞骗。他希望公正的教皇和贤明君主用物质的宝剑和精神的宝剑来清洗这些罪恶。

他在对待亚里士多德的理论上持怀疑态度。罗吉尔·培根尊重亚里士多德，但像亚里士多德对待柏拉图那样，也不是绝对崇拜。他说："只有亚里士多德和他的信徒在所有智者的判断中才被称为哲学家。"培根对待任何权威的态度都是慎重的，他用实验来检验天上地下的一切事物。他尊重任何一个实验的人，他曾说过：只有实验方法才能给科学以确实性。这是培根高于同时代人，事实上还高于整个中世纪欧洲哲学家之所在。

培根还很重视语言的学习，尤其懂得掌握外语的重要性。读一读培根的语言著作，他作为比较语言学、语言哲学和历史文献科学批评的创始人之一的意义就更加清楚了。培根认为，外语不仅对翻译需要，对于发展贸易、同其他民族的政治联系，"对于维护和恢复和平"，意义更是特别重大。培根本人精通拉丁文、希腊文和希伯来文。据说他编写过辞典，其语言功夫胜过托马斯·阿奎那。估计他的语言学影响过文艺复兴时期的思想泰斗们。

培根的自然科学思想是传统心理态度的一次革命性的改变。这对西方人日后冲破赤贫和饥饿困扰的社会束缚产生过极为积极的影响。他曾说过："在掌握真理方面，现在有四种主要的障碍，它们妨害每一个人：无论人们怎样学习，都无法弄清楚他所学的问题，而总是屈从于谬误甚多、毫无价值的权威；习惯的影响；流行的偏见；以及由于我们认识的骄妄虚夸而带来的我们自己的潜在的无知。"这就是他所认为的掌握真理的四大障碍：权威、习惯、成见、虚夸。他的理论又成为另一位更有名声的培根的理论的先声。350 年后，弗兰西斯·培根好像利用了老培根的一些基本见解，相似地指出了扰乱人心的四种假象：种族假象、洞穴假象、市场假象及剧场假象。这决不能看作是一种偶然的巧合。当然，这两位培根在历史上刻下的痕迹是很不相同的，老培根默默无闻而小培根却流芳百世，这用历史唯物主义观点看是很容易理解的。普列汉诺夫曾说过："一个伟大人物之所以伟大，并不因为他的个人特点使各个伟大历史事变具有个别的外貌，而是因为他自己所具备的特性，使他自己最能致力于当时在一般和特殊原因影响下所发生的伟大社会需要。"弗兰西斯·培根生活的时代正是资产阶级蓬勃向上的年月：哥白尼的新宇宙观、哥伦布的地理大发现以及文艺复兴、宗教改革运动的兴起刺激了生产。新兴的资产阶级需要科学、需要民主，而生产力的现状又允许科学发展，于是，科学实验大为提倡。弗兰西斯·培根一直受到王室方面的重视，官运亨通。而罗吉尔·培根却一直受到监视，甚至监禁，死后连非常有价值的著作也被搁置不问，这使得这些著作在启发人们觉醒的应该发挥的作用上受到巨大损失。所以，罗吉尔·培根对近代科学的直接贡献几乎是微不足道的。在培根那里，科学实验与神秘主义、理性和宗教常常交织在一起。但是，培根仍不失为一个伟大的科学思想家，以至于马克思在评价中世纪的思想家时曾说："唯一特出的例外，13 世纪在学问方面比较倾向自由的是罗吉尔·培根。"

（作者：郭小林）

皮埃尔·迪昂

科学家、科学史家和科学哲学家

皮埃尔·莫里斯·玛丽·迪昂

（Pirre Maurice Marie Duhem，1861—1916）

皮埃尔·莫里斯·玛丽·迪昂是法国杰出的科学家、科学史家和科学哲学家。人们公认他是科学思想界的一位重要人物，是他所处时代最伟大、最有才智的人之一。

迪昂在物理学的众多领域有卓越建树。此外，他还获取了物理科学方面的广博的历史知识，并对物理学理论的意义和范围做了深入的思考，形成了一系列引人入胜的科学哲学见解。

迪昂的一生除教学与研究外，就是写作。对于他来说，散步和沉思是最好的休息。一旦脑子闪过一个念头，他就坐下来，从容地写下一页又一页，一气呵成，无须修改和增删。他在短暂的一生中总共出版了 22 种书（45 卷），在 20 多家期刊上发表了近 400 篇科学论文和评论。法国著名物理学家德布罗伊在 1953 年谈到他的这位同胞时说："皮埃尔·迪昂作为一个不知疲倦的研究者，在 55 岁就过早地去世了，他在理论物理学、哲学和科学史中留下了大量的贡献。他的严格的科学研究的价值，他的思想的深刻，他的学识惊人的广博，使他成为 19 世纪末和 20 世纪初法国科学最卓著的形象之一。"

迪昂由于保守的政治立场、极端的宗教信仰以及有原则性的、执拗的个性，使得他一生遭遇坎坷。在生前和死后相当长一段时间内，他的学术成就即使在法国也得不到公正的承认，人们几乎没有就这位有创新精神的学者写过多少东西。在前苏联和中国，人们多年来仅仅是从列宁的《唯物主义和经验批判主义》（在该书中迪昂被错译为“杜恒”）一书中得知这位所谓的“马赫主义者”的，其形象自然是残缺不全的。现在，我想依据手头的有关资料，尽可能完整地、客观地勾勒一下迪昂其人。

一

迪昂于 1861 年 6 月 10 日生于巴鲁。其父是法国北部工业城市鲁贝一个推销员的儿子；其母是一个店主的女儿，祖籍在卡尔卡松附近一个名叫卡布雷皮纳的小镇。他们后来定居巴黎，有两个男孩和一对孪生女儿，迪昂是最大的一个，自幼在家庭受教育。11 岁时，他被双亲送到一所名叫斯塔尼斯拉斯的教会中学上学。他在中学是一名优等生，精熟每一门课，其中包括古典语言（拉丁文和希腊文）、现代语言、文学、历史、科学和数学，这为他日后多方面的工作打下了坚实的基础。他对自然科学特别感兴趣，这明显地受到一位有才华的教师穆蒂尔的影响。

中学毕业后，父亲希望儿子上综合工科学校受高等教育，以便掌握一门专业技术谋生。可是，母亲却担心科学和工程专业会削弱儿子的宗教信仰，敦促他到高等师范学院学习人文科学。他按照母亲的意愿，在入学考试中一举夺魁，于 1882 年进入高等师范学院学习，他这所学院为法国培养了相当多的文学和科学的优秀教师。由于他对献身科学事业有强烈的欲望，他选学的却是中级科学基础课程。在这里，他是一位有才华的学生，顺利地通过了学士学位考试和作为大学教师的学衔考试。1884 年，当他还是学生时，就发表了关于把热力学势用于电化学电池的论文，这是他科学生涯的开始。在大学，他还是一位名气不小的漫画家。

就在同年，迪昂向校方递交了博士论文，论述的是化学和物理学中的热力学势。由于受到马休 1869 年、吉布斯 1875 年和亥姆霍兹 1882 年关于热力学势研究工作的激励，迪昂早在获得学士学位前就做这项工作了。这篇有真知灼见的论文，推翻了用反应热作为自发化学反应标准的最大功原理，并按自由能概念严格地定义了标准。最大功原理是贝特洛（1827—1907）在 20 岁时提出的，他后来当上了法国政府教育机构的要员，并在 1886—1887 年升迁为法国公共教育部部长。

刚出茅庐的年轻人怎能料到，这一正常的举动却是他一生厄运的肇始。贝特洛对迪昂推翻他的错误的最大功原理耿耿于怀，伺机报复。在贝特洛的操纵下，学位委员会无理拒绝了迪昂的博士论文。迪昂此时也不甘示弱，他为捍卫真理挺身而出，于 1886 年发表了他的论文《热力学势及其在化学力学和电现象理论中的应用》。他认为，不管谬误在哪里出现，都要不顾个人安危去英勇斗争，这是基督徒的重要职责之一。在这部早慧的著作中，迪昂用热力学势逻辑相关地说明了下述现象：温差电、热电现象、理想气体的混合和液体的混合、毛细现象和表面张力、溶解热和稀释热、饱和蒸汽、离解、复盐溶液的冰点、渗透压、气态的液化、带电系的电化学势、平衡的稳定性以及勒·夏特利耶原理的推广。这是迪昂许多非凡的、天才的思想的首次显露，标志着他未来研究的总方向。

对于迪昂的挑战，贝特洛大为光火。他扬言，只要他还活着，迪昂就休想在巴黎任教。在中央集权制的法国，贝特洛的权势在教育界不用说是所向无敌的，迪昂不得不在1888年递交了另外一篇关于磁学的数学理论的博士论文。这是数学工作者的研究范围，贝特洛因隔行而难以插手。不过，尽管迪昂1885年为教物理在竞争考试中赢得了第一名，他仍无法在巴黎的大学谋求一个职位。贝特洛等人对迪昂的职业迫害一直持续到1900年，他们多次压制迪昂的职务晋升，限制他的薪水；如有可能便封锁他的成果，如无可能便毫不注明地盗用它们。要知道，在现代法国科学的历史中，还没有一个像迪昂这样的具有同样丰富、同样深度以及同样创造力的科学家被贬到外省工作。

1887年，迪昂被迫只身到里尔大学教物理。事实证明，迪昂是一位有才气的、出类拔萃的教师。他的富有启发性的、明晰的讲演是精心地、逻辑一致地组织起来的，他的出发点是如何让学生多学，而不是让教师多教，也就是事事从学生方面的收益考虑，而不是为了讲课人的虚荣和方便。因此，每当他上课时，学生们便蜂拥而至，致使课堂爆满。他的名声在当时具有传奇色彩，即使在今天看来，他手写的讲稿也能给人以深刻印象，上面系统地加注着历史的和哲学的评论。

在里尔时期，他结识了女友夏耶，他们在1890年10月结婚，不到一年就有了头一个女儿。迪昂的家庭生活是幸福的，但却是悲剧性的短暂，他的妻子和第二个女儿不幸在1892年去世。从此，迪昂再未婚娶，他把全部心力放在工作和女儿身上。

在妻子逝世后不久，他不满意大学校长多次谴责实验室助手，结果与两位先前的好友闹翻了。1893 年，他请求调离。

在里尔的 6 年间，他先后出版了 3 本书，发表了 50 篇论文。他的才能和学识是众所周知的，完全可以在巴黎赢得一个好职位。但是，由于贝特洛等人的阻挠，迪昂未能去成巴黎，而被发配到雷恩大学。这个职位很不遂意，迪昂仅待了一年就决定再次调离。

尽管迪昂一再梦想赴巴黎任教，但他接到的却是在波尔多大学任职的通知书。这个令人失望的消息使迪昂极为生气，他曾考虑拒绝这项任命。他的朋友在谨慎打听后告诉他，波尔多的职位可能是通向巴黎的大道，他于是在 1894 年接受了任命。1895 年，当他 34 岁时，他升任为物理学教授，占据了大学理论物理学的教席。他一度曾致力于大学的行政事务，负责批准本省大学授予博士学位的资格，后因受到该机构内一个反教权主义成员的无端攻击而愤然辞职。迪昂背井离乡，在波尔多一待就是 20 余年，最终也未能了却在巴黎教书的心愿。

迪昂的研究兴趣大体上可以分为以下几个时期：1884—1900 年间，他的兴趣主要在热力学和电磁学方面，尽管在 1913—1916 年间他又转向电磁学；1900—1906 年间他致力于研究流体力学；他对科学哲学的兴趣主要在 1892—1906 年期间；科学史方面的研究多在 1904—1916 年间，虽说他在 1895 年就发表过科学史的论文。下面，我们分门别类地介绍一下迪昂的贡献和成就。

二

迪昂的主要科学建树在热力学领域。他的 1884 年的未被接受的博士论文不仅对热力学势的系统应用具有重大的历史意义，而且以此为起点的一系列研究，也使他与范霍夫、奥斯特瓦尔德、阿雷纽斯、勒·夏特利埃一起成为现代物理化学的奠基人。

1887 年，迪昂对吉布斯著名的静热学论文进行了深入的批判性的分析。在《关于 J. W. 吉布斯热力学著作的研究》中，迪昂首次给可逆过程下了一个精确的定义。迪昂证明，一个系统的两种热力学态之间的不可逆过程，能够通过使系统和环境之间力的不平衡在每一步趋近于零而产生的真实过程的有限集合来构成。这种有限的过程现在称为准静态过程。如果同一过程以相反的顺序进行，且同一不真实的限度被达到，那么该过程就是可逆的。

迪昂对热力学的重要贡献之一是发展了处于动态的物体的热力学理论。在迪昂研究之前，热力学基本局限在静力学范围内。从 1892 年到 1894 年，迪昂发表了一组题为《热力学原理评论》的著名论文。在这里，迪昂首次严格地定义了不可逆“准静态”热力学过程。这是一种类似滞后现象的过程，对这种过程而言，在一个方向平衡态的有限集合与在同样两个热力学态之间的相反方向的不相同。这组论文包括迪昂两个开创性的贡献。他对热力学第二定律、熵和热力学势做了详细阐明，对热力学第一定律进行了公理化处理，这在目前看来仍是惊人的成功。值得注意的是，热量首次借助于功和能被抽象地定义了。由于这一先驱性的工作，迪昂成为物理学理论公理化的奠基人，他对其他学科的公理化研究的影响也是相当显著的。与迪昂同时代的伟大数学家希尔伯特直接受到迪昂关于热力学公理化工作的感召，先后开始了他的关于几何学和物理学公理基础的重大研究。

1896 年，迪昂发表了一篇研究黏滞作用的论文。这对应于吉布斯的“无源阻力”，属于可逆过程，而摩擦则属于不可逆过程。迪昂把摩擦作为一种普遍的物理现象，用它来研究“假平衡”问题，这属于力学化学范围。迪昂在化学热力学方面的研究成果收集在他的四卷专题论著《论力学化学基础》（1897—1899）和一卷著作《化学热力学》（1902）中。

根据吉布斯的建议，迪昂在《关于化学静力学的一般问题》（1898）中，提出了一个明确的关于吉布斯相律的非约束性证据；同时，又将它推广到超出仅仅考虑强变量的情况，并给出了确定各个相的必要条件。对于压力－温度和体积－温度这两对变量，其条件是不同的，它们的表述称为迪昂定理。此外，对于共沸性是其简单特例的“中性”系统的性质，也做了较为详尽的讨论。

迪昂十分注重假平衡和摩擦的热力学。在迪昂看来，假平衡可以分为两类：表观假平衡和真实假平衡。前者例如饱和溶液，在给一个小扰动后，它即刻便返回到热力学平衡；后者诸如金刚石或石油构成的有机化合物，相对其他物质来说，这样的化合物在热力学上是不稳定的，但却经历了整个地质时期的巨大扰动仍然保持不变。但是，如果这种扰动相当大（通过加热金刚石变成石墨），它们将转变成稳定的产物。吉布斯也持有类似的观点。

迪昂的兴趣也曾集中在流体力学和弹性学上。1891 年，他出版了《水力学、弹性、声学》（两卷）的讲义，对数学家和物理学家产生了重大影响。迪昂进而在 1903—1904 年以两卷本出版了《水力学研究》一书，它包含了关于纳维尔－斯托克斯流体的一些开创性的探索成果，以及波在黏滞流体中的传播、考虑到稳定性和可压缩性的流体等课题的研究。

在流体力学领域中，迪昂是第一个在黏滞的、可压缩的导热流体中利用稳定性条件和热力学的充足资料研究波的传播的学者。他得出了一个当时令人震惊的结果：真正的冲击波（即密度和速度不连续）或高阶不连续根本不可能通过黏滞流体传播。这与严格的非黏滞流体的结果相矛盾。迪昂证明，在黏滞流体中唯一的不连续是横向的。他引入“准波”的概念，建立关于冲击波的定理。他还推广、完善、校订了流体稳定性的早期结论。

在当时，迪昂实际上是严格的、合理的、有限的弹性理论的唯一培育者，他强调建立精密的、普遍的定理的重要性。迪昂对弹性理论进行了广泛的研究，其结果汇集在《弹性研究》（1906）一书中。在第一次世界大战前，这些理论曾起过显著的影响。迪昂也是弹性波传播、热传导和在有限形变下黏滞连续体的开创性的研究者。

在世纪之交，迪昂与马赫、彭加勒、奥斯特瓦尔德、皮尔逊等人一样，同属非力学学派或批判学派；而当时大多数物理学家都是力学学派，力图把一切物理现象都化归为力学。迪昂系统地反对这种科学中的还原论和力学自然观。他明确表示，如果科学知识仅限于流行的状态，或科学家只知道“一时的流言”，那么科学的正确思想不可能得到。迪昂也极力反对物理学中的模型理论，他偏好逻辑性和明晰性，对无逻辑性和自相矛盾的模型总是感到厌恶，即使当模型方法在新发现中变得可能和有用时，他也难以改变自己的观点。这自然有其合理之处和积极意义，但也直接决定了他对麦克斯韦理论和原子论的偏执观点。

迪昂虽然承认麦克斯韦的个人天才和理论的独创性，但却极其严厉地批评了麦克斯韦的理论。他认为，这种理论缺乏首尾一贯的和综合的逻辑结构，即使在其最终的抽象形式中也显示出人为的力学产物的标记，此外它还有符号上的错误且缺乏实验基础。由于亥姆霍兹的影响，迪昂偏爱大陆的电动力学，因为它能够用逻辑的方法由经典的基本的电磁实验来构造。经过迪昂精心阐述和改进的亥姆霍兹－迪昂理论比麦克斯韦理论具有更大的普遍性，能简单地描述光的电磁理论和赫兹实验。而且，这种理论包含两个附加参数，适当选取参数的值，麦克斯韦理论就成为它的特例。这些观点，都包含在迪昂 1902 年出版的《麦克斯韦的电理论：历史的和批判的研究》中。迪昂不久便认识到，麦克斯韦理论在他所处时代的物理学家中得到广泛的承认，而他的批评却无人问津，麦克斯韦的理论当然是胜利了。不过，他还是希望，在将来人们将会认识到，亥姆霍兹理论确实是杰出的成果。他说：“逻辑是有耐心的，因为它是永存的。”

迪昂的基本的科学思想形成于 1880—1890 年之间，即在放射性发现和佩兰实验之前。当时，为实行其“宇宙的力学解释”而使用原子和分子模型的一帮人，随意改变他们的“弹子球”模型以拯救现象，顽固地把那些自相矛盾的性质赋予原子。迪昂因偏爱逻辑和厌恶力学模型，无法接受原子、分子论。他在研究中有意识地避开依赖于力学模型的微粒理论，在他的论著中，找不到原子、分子论的描述。他攻击用小的、硬的、具有弹性的粒子来简单说明原子；他有时带点天真地攻击开尔文勋爵用齿轮和漩涡来说明自然现象的思想。他好像不知道原子模型曾给物理学带来了巨大的复兴，也完全没有预料到原子物理学在半个世纪里会有惊人的发展。即使当1908年佩兰的实验确证了分子的实在性时，迪昂因其执拗的个性也迟迟没有改变自己的观点，他希望像能量学这样的更为普遍的理论能够从原子论的废墟中产生。

在1911年，迪昂总括了他毕生努力构造的物理学理论的体系，这就是作为一种理性论的现象论的连续理论的能量学，它避免了关于物质内部终极实在的形而上学假设。其结果就是两卷专论《论能量学或广义热力学》，他认为这是他对科学做出的第一流贡献，因为该书是他对物理学和化学做了几乎30年的广泛研究而完成的。不过，这部专题著作略去了电磁学论题，这意味着在他的批判性的科学观点中，他没有找到满意的电磁学的能量学理论。迪昂想把力学、热力学和电磁学囊括到能量学或广义热力学的企图最终未能实现，但是他对物理学和化学诸领域的贡献即使在今天看来也还是有意义的。

三

迪昂也是现代的科学史的奠基人。在这个领域，他也许胜过了当时所有其他科学史家，因为研究的深度和广度没有人接近他。有人甚至有点言过其实地认为，与迪昂相比，他的同时代的科学史家似乎有点外行人的味道，因为他们缺乏迪昂那样卓越的才干和博大精深的素养。迪昂是第一流的科学家和科学哲学家，他有能力深刻地评价、分析、批判过去的科学工作的内容。迪昂说过，批判任何科学工作，就是要分析和评价它的逻辑结构、它的假设内容，以及它与现象的一致。只有科学家用完善的才能和巨大的信心才能做到这一点，这些人创造了基本的科学，同时也是第一流的科学哲学家，而且通晓多种古典语言和现代语言。显然，迪昂是能够完全满足这些条件的科学史家，因此他的科学史工作自然要优于其他科学史家了。

迪昂对科学史的兴趣来源于他的创造性的科学研究。他早就认为，要卓有成效地创造新科学，就要批判地理解科学和科学哲学。为了正确地理解科学哲学和科学思想的连续性，迪昂深入地、广泛地研究了科学的历史。他起初研究科学史，主要是想支持他的科学哲学，而他所进行的科学哲学研究，则是为了支持他的科学研究。其结果，迪昂成为一个智力十分高超的科学家、科学哲学家和科学史家。

迪昂 1902 年出版的《化学化合与混合：论观念的进化》和 1903 年出版的《力学的进化》，就是这样的有材料、有分析、有评论的历史批判著作。尤其是后者，可与马赫的《力学史评》（亦译为《力学及其发展的批判历史概论》，1883）相媲美。该书的第一编是自然哲学思想发展的权威性的、高明的叙述，它表明各种观念是如何受到赞成、如何发展，尔后又是如何被抛弃的；另一些观念是如何受到偏爱、如何变化、如何在转变中得以保留的。第二编是 19 世纪末的力学物理学的概观。迪昂当时已经看到，物理学急剧的、持续的、激动人心的成长已摇撼了古典力学的根基和古典物理学家的一些信念；由于纠缠到新的问题，力学赖以建立的基础的可靠性受到怀疑，它再次向新的领域进军。

迪昂实际上是单枪匹马地发现了中世纪的科学的历史，他对 17 世纪物理学和古代物理学的发展史也做出了有深远意义的和独创性的研究。迪昂幸运地在巴黎图书馆找到了许多中世纪的手抄本，他运用大量的原始资料证明，科学的发展总是连续的，从而是进化的；伽利略的思想也是由许多早期的科学工作进化而来的，并不像伽利略本人和其他人认为的那样是最早的。为了充分说明这些观点，迪昂由静力学起源的研究开始了他的考察，结果形成了两卷专题著作《静力学的起源》（1905—1906）。迪昂在书中追溯了静平衡原理从古希腊到拉格朗日的发展。他洞察到，近代科学诞生于公元 1200 年左右的中世纪，中世纪的部分成果被 15—16 世纪的一群数学家抄袭，他们把这些作为他们自己的贡献加以发表。迪昂谴责这种智力上的腐败现象，他强调指出，传统对于真正的科学进步是必不可少的。

迪昂由建立物理科学历史的实际记载，进而研究各个时代最重大的个人成就，并着手研究达·芬奇的笔记和原始材料，以及 16 世纪科学家的著作。16 世纪的科学家从文艺复兴的人文主义者那里知道，他们的物理学实际上来源于中世纪。人文主义者抱怨中世纪的倒退已成为一种习惯性的浮夸，与此同时却一字不漏地抄录中世纪的科学手抄本——这是人文主义者的知识的真正源泉。

1905—1906 年，迪昂以三卷专题著作《莱奥纳尔多·达·芬奇：他所看到的和看到他的》发表了他划时代的研究成果。他运用翔实的中世纪科学的原始资料令人信服地表明，从 13 世纪到 16 世纪，中世纪的大学，特别是巴黎大学起了重要作用。他揭示出，在托马斯·阿奎那之后出现了对亚里士多德和亚里士多德学派的思想的抨击，这是否定希腊哲学关于运动概念的思想开端，它以惯性原理、伽利略的工作以及近代哲学而告终。他确认，巴黎大学神学院 1327 年前后的院长让·比里当具有惯性原理的最早思想，并用拉丁术语（冲力）引入了一个量，这个量虽未明确定义，但却与我们今天所谓的动能和动量的量有关。迪昂分析了稍后的萨克森的阿尔伯特和尼古拉斯·奥雷姆的著作的重要进展，后者尤其完成了值得重视的工作，因为他关于太阳系的思想是哥白尼的先驱，他关于解析几何的工作是笛卡儿的先驱。接着，迪昂指出，达·芬奇这个具有多方面天赋的人，吸收和继承了他的先驱们的工作，铺平了科学发展的道路。伽利略正是沿着这条道路，继 16 世纪的许多科学之后，明确地开始了近代力学发展的历程。

迪昂然后着手独自一人对科学史——从爱奥尼亚的自然哲学家到古典物理学建立的物理学理论的历史——进行最为不朽、最为系统的研究。迪昂在短时间内所做的开创性的工作之浩繁是令人惊讶的、超越时代的。他计划在4年内写12卷书，最后只完成了10卷手稿。这部名为《宇宙体系：从柏拉图到哥白尼宇宙学说的历史》在他在世时出版了4卷（1913—1916），第5卷是在他去世后的1917年出版的，迪昂的女儿在1954—1959年监督出版了其余5卷。在1908年，迪昂还出版了一本《拯救现象：论从柏拉图到伽利略的物理学理论的观念》。这部著作是最重要的物理学历史著作的文献汇集，揭示出形式化的数学在西方科学发展中总是起着实质性的作用。该书中的有价值的历史引言，可以看作《宇宙体系》一书全部观点的浓缩。

迪昂是一位有高度教养、坚定信念和明确感受的人，他的所有判断都是与他的基本观点一致的。他也是一位热情的爱国主义者和民族主义者，他的爱国感情在一定程度上影响了他的科学观点和价值判断（但从未达到使这些观点和判断绝对无效的程度），结果他倾向于过高估计法国科学家的成就，而低估或贬低其他国家科学家的贡献。他驳斥了奥斯特瓦尔德关于“化学是德国科学”的论断，批判了德国科学中的蒙昧主义和“自然哲学”倾向。他尤其对英国科学家怀有偏见，认为他们的思想粗俗而浅薄，因为他们缺乏逻辑严密性，对科学的系统数学理论漠不关心（这些批评也不是没有一点道理，而且他从未诉诸恶语和谩骂）。他并未因牛津默顿学院的经院哲学家对运动学理论的贡献而称赞他们，也未因托马斯·布雷德沃丁对亚里士多德运动定律的重新系统阐述的重要性而褒扬他。同时，他却不恰当地高估巴黎大学在新物理学中的意义，过分颂扬布里丹、奥热默等人的贡献。他的宗教感情也使他过高评价中世纪基督教哲学家的科学的哲学。他称颂巴黎大学的经院哲学家具有月上世界和月下世界都服从同一物理定律的观念，而实际上第一个明确宣布这一点的却是德国中世纪的科学家库萨·尼古拉。尽管迪昂后来在他的著作中冲淡了他对法国人科学贡献的过高估价，但个人感情方面的因素对他在价值判断中的影响却是显而易见的。当然，迪昂也意识到，在任何创造性的科学工作的价值方面做出裁决，都需要一定的文化观点，即道德的、哲学的、宗教的和理智的观点。

通过深入的科学史研究和在科学前沿的长期探索，迪昂充分认识到历史方法在物理学中的重要性。他说，唯有科学史才能使物理学家避免教条主义的狂热奢望和皮浪怀疑主义的悲观绝望。物理学家的思想往往偏向一个极端，科学史能够做出合适的校正。他看到，通过追溯一系列做出科学发现时的错误和犹豫，它使物理学家警惕虚假的证据；通过回顾宇宙论学派的盛衰，通过发掘一度获胜而又被忘却的学说，它提醒物理学家，最吸引人的体系也只是暂定的描述，而不是确定的解释。

四

迪昂是一个在科学前沿进行开拓的第一流的理论物理学家，又是一个对科学发展的历史有渊博学识和精湛研究的科学史家，加之他还善于通过这种双重的智力结构思索物理学理论的成长、发展和范围，因而他很自然地转向科学哲学。他通过系统的思考，对物理学理论的意义提出了独到的见解，并在各种论著中系统发展了这种看法，其中最为有名的是《物理学理论的目的和结构》。它堪称现代科学哲学的经典著作，至今还与当代科学哲学家所讨论的问题和所提出的观念密切相关，其中的许多观点，即使今天读起来还是新鲜的和激动人心的。

《物理学理论的目的和结构》分为两编十一章，外加一个附录。第一编是“物理学理论的目的”，它有四章：“物理学理论和形而上学解释”“物理学理论和自然分类”“描述理论和物理学史”“抽象理论和力学模型”。第二编是“物理学理论的结构”，它有七章：“量和质”“原初的质”“数学演绎和物理学理论”“物理学中的实验”“物理定律”“物理学理论和实验”“假设的选择”。附录包括两篇文章，其一是《信仰者的物理学》，其二是《物理学理论的价值》。书中贯彻了迪昂下述成熟的思想：关于假设的逻辑作用，定律与理论的关系，测量、实验、证实和解释在构造物理学理论时的本性，作为与大陆物理学中的数学演绎相对照的英国物理学中的力学模型，物理学理论相对于形而上学解释形式或神学解释形式的自主性，物理学的精神，等等。这些结果是长期的实验经验和教学经验、广泛的历史知识以及深入的哲学思索的产物。

在迪昂看来，物理学理论是从少量的原理演绎出的数学命题的系统，其目的在于尽可能简单、尽可能完善、尽可能严格地描述实验定律。迪昂是明晰的和抽象的物理学理论的倡导者，这种理论在逻辑上是完整的、一致的，在数学上是精确的。他认为，物理学理论是物理现象的描述，不是根本的、最终的实在即所谓的形而上学的实在的解释。按照迪昂的观点，解释就是剥去像面纱一样的覆盖在实在上面的现象，以便看到赤裸裸的实在本身。观察物理现象并不是使我们与隐藏在可感觉的外观背后的实在相联系，它只是使我们以特殊的、具体的形式理解可感外观本身。迪昂的结论是，物理学理论的目的是描述实验定律而不是解释实验定律，假若其目的是后者，那么理论物理学就不是自主的科学，它就从属于形而上学。迪昂注意到，科学家很少在科学与形而上学之间做出区分，从而许多理论似乎都被视为一种尝试性的解释，是用多余的“图像”成分和解释成分加以修饰。这些理论实际包含着两种成分，迪昂称其为“描述性的”和“解释性的”成分。在这样的理论中，描述性的部分是有价值的，因而它幸存下来，并且对表面上看来不同的理论来说是相同的。迪昂反对物理学中的原子理论，正是出自他的这一观点：可靠的物理学理论不应当包含关于物质终极的内在本性的形而上学假定。他认为，形而上学地构造模型和在物理学中追求粒子的研究并不能导致揭示物质内部的终极本性，正如原子物理学这种类型的支持者的朴素实在论导致他们所思考的那样。

其实，迪昂并不是根本反对形而上学。在某种意义上，形而上学也是研究的重要对象，因为它深入到事物的实质并解释现象，因而也应当受到尊重。迪昂的本意是强调二者的区别和各自的职权范围，以免形而上学侵入科学而扰乱科学理论的目的。其实，科学与形而上学是并蒂而生的，又怎能将它们截然分开呢？就连迪昂本人也无法完全摆脱形而上学的纠缠。当迪昂认为人们能够在竞争的理论之间做出区分、能够决定哪一个在某一确定的方面更好地对应于现象的感性表现形式时，他不得不严重地依赖形而上学的信念。而且迪昂也涉及科学理论进步的另一个形而上学观点：如果人们不相信与现象的物理表现形式更好对应的理论在某种程度上比所抛弃的理论更好地反映了现象的终极物理实在的话，那么物理学的进步便是不可能的。他提出了一个进一步的形而上学判断：如果人们继续发明关于现象的相互竞争的理论，继续选择与现象的表现形式对应得更好的理论，那么这种持续改善的理论的进步便渐进地趋于这个现象的理论的有限形式；该理论是完全一体化的、十分合乎逻辑的，它把实验定律整理成类似于其的秩序，但并不必然地与其等价，这是一个高度先验的秩序，按此所理解的形而上学实在被分类。迪昂一再明确阐述说，在物理学理论促成进步的程度上，它变得越来越类似于自然分类，这是它的理想目的。物理学方法无力去证明这个断言是正当的，但是它若不是正当的，那么引导物理学发展的趋势就依然是无法理解的。理论越完善，我们便越能更充分地理解，排列经验定律的逻辑次序就是本体论次序的反映。

迪昂强调的一个引人注目的观点是，不可能有真正的判决实验，能够用来检验理论的任何一个特定假设的真理。一个假设的实验检验必然包含该理论的所有其他假设。因此，理论与实验的矛盾不仅能够通过改变一个被认定是“判决性地”检验了的假设来消除，而且也能通过改变其他假设而保留一个“判决性的”未改变的假设来消除。因此，从实验出发通过归纳不能决定一个假设集，从而有可能存在另一个假设集，它也能够描述同样的现象。正是由于这个理由，大量的假设都偏离了科学家的判断，这意味着理论依赖于个人的情趣（鉴赏力），而情趣则取决于科学家个人的文化素养。

因为任何科学理论的假设的选择都是超逻辑的，由理论家的情趣管辖。所以在迪昂看来，引导科学基础建构的是科学史。他以合理的论据表明，形式化的定量的科学方法并不完全适合于物理科学，实验科学的定律和结论不能直接揭示事物潜在的最终本性。迪昂宣称，人们需要相信自己的想象力，以猜测隐藏在现象背后的实在的本性。

迪昂认为，就物理学理论发展的任何阶段而言，任何基本的元素仅具有暂定的和相对的状态。人的精神能够获悉某些关于物理世界真实的内在本性，但是人们不能剥去现象的外观，而获得关于事物终极本性的直接知识。在迪昂看来，要是人们仅仅运用定量的方法，甚至要抽出关于物理世界深刻的内在本性的知识也是不可能的。因此，某些定性的考虑也是必须的。物理科学正是在这样的两极之间定向的，即亚里士多德纯粹定性的方法和当代物理学纯粹定量的方法。物理科学由于固执于两极而遭到磨难，片面的方法使它的发展停滞了。今天，尤其是在西方，定量化“狂”已经渗透到人类事业和经验的每一部分，定量化无错误的神话已显示出真正的危险，构成了对科学和文明的威胁，因为它带来了非人性和物化，并伴随着个人自由和自由探询的丧失。迪昂当时就意识到这种类型的科学主义的危险。

谈到理论的用处，迪昂指出了以下三点：第一，在几个假设和原理下，它们通过把大量的实验定律演绎地结合在一起，从而能促进思维经济。第二，通过定律的系统分类，它们能使我们根据特定的场合，为达到特定目的而选择我们所需要的定律。第三，它能使我们预言，也就是能够使我们预期实验的结果。

迪昂关于物理学理论构成方法的叙述，显示出他的物理学理论的本质的概念。他认为形成物理学理论有这样四个相继的操作：第一，在我们着手描述的物理性质中，我们选择我们认为是简单的性质，以致其他性质将设想是它们的简单性质的聚集或组合。我们通过合适的测量方法使它们与某一群数学符号、数字、数量对应。数学符号与它们所表示的性质没有内在本性的关系，而仅是一种约定的记号。通过测量方法，我们能够使物理性质的每一个状态对应于表示符号的一个值，反之亦然。第二，我们借助于少数命题把这样引入的不同种类的数量联系起来，这些少数命题在我们的演绎中是作为原理来看待的。这些原理在该词的词源学意义上可以被称为“假设”，因为它们确实是理论赖以建立的基础；但是它们并不以任何方式宣称陈述了物体真实性质之间的真实关系。这些假设当时是以任意的方式形成的。限制这种任意性的唯一的绝对不可逾越的障碍是同一假设术语之间的逻辑矛盾，或者是同一理论各种假设之间的逻辑矛盾。第三，理论的各个原理或假设按照数学分析的法则结合在一起。数理逻辑的需要是理论家在这一展开的过程中必须满足的唯一需要。理论家计算所依据的数量并未宣称是物理实在，他在演绎中所使用的原理并未陈述这些实在之间的真实关系；因此，他所进行的操作是与真实的还是可信的物理变换对应没有关系。人们有权要求的一切就是，他的符号化是可靠的，他的计算是正确的。第四，从假设推出的各种结论可以被翻译为许多与物体的物理性质有关的判断。对于定义和测量这些物理性质的合适的方法，犹如容许人们进行这种翻译的词典和图例一样。把这些判断与理论想要表示的实验定律相比较。如果它们与这些定律在相应于测量程序所使用的近似度上相一致，那么理论便达到了它的目标，理论就是好理论；如果不一致，就是坏理论，就必须被修正或被抛弃。简而言之，这四个基本操作就是：物理量的定义和测量，选择假设，理论的数学展开，理论与实验的比较。迪昂再次强调，真正的理论不是给物理现象做出与实在一致的解释的理论，而是以满意的方式表示一组实验定律的理论。与实验一致是物理学理论真理性的唯一标准。

五

在政治立场和社会观点上，迪昂被认为是右翼分子、保皇党人、反共和政体者、民族主义者、反犹太主义者和宗教极端分子。这种看法是有一定的道理和根据的。迪昂的这种政治态度部分地是从他的中产阶级家庭继承下来的盲目的偏见，但恐怕主要来自他的强烈的基督教信仰。不了解迪昂深挚的宗教感情和坚定的宗教信条，就无法理解他的锋芒毕露的性格和过激的行为。

迪昂这位对西方文化有着极其广泛和深刻洞察的人，他的这些政治上的瑕疵是十分不能令人满意的。作为一个学者，他是一位非凡的人物，并具有真正的学者那种坚不可摧的独立性和科学良心。作为一个真正的中世纪基督教的信徒，他有着基督教绅士的道德准则和行为模式，以及基督教骑士的无畏和勇猛。他时刻准备着，一旦当他的基督教原则受到挑战时，他就立刻去进行十字军东征，不惜一切地去捍卫它们。

迪昂彻底地研究过中世纪，它对中世纪的成就怀有高度的敬意。他乐于承认，西方文明是基督教文明，这种文明在文化上融合了希腊文化，它是中世纪的创造物。中世纪的初期在人类的历史上是一个最早慧的时期，在人的生活中是一个空前的精神的、技术的和科学的进展时期。他十分清楚地意识到，一个最重要的观念，即与神圣不可侵犯的个人良心有关的独立的个体的观念——一个人秘密的内在世界、作为人的个人价值和尊严居留在这里——源于中世纪基督教的信仰。每一个人作为上帝的儿女，其精神独立、精神平等以及关于个人生活行为的选择自由，是根本的基督教信条和训诫。他也信守基督教的博爱原则，即对忏悔者仁慈和宽大。他深信，基督徒对个人寻求真理负有责任，因为耶稣基督说过，只有真理才能使人变得自由。而为正义不惜任何个人代价挺身而出，这是他所认为的基督徒的优良传统。

迪昂充分地意识到，基督教的信徒在西方文化中扮演了极为重要的角色，他们相信基督教的种种准则，这从本质上造就了西方人。对于像迪昂这样的虔诚的信徒来说，任何违背这些准则的行为都是腐蚀西方社会的基督教传统，都是挖作为基督教文明的西方文明的墙脚。在这些原则问题上，他是坚强不屈的。他不像他的一些学术同行，毫无骨气地屈从于体制化的官僚政治的意志和高高在上的要员的狂想。

迪昂就是这样披上了他的基督教卫道士的盔甲，以坚定的信念毫不妥协地回击反基督教的倾向。就连他的许多朋友，也觉得他过分认真、过于偏激了。例如，迪昂因其宗教原则，拒绝帮助乔治·萨顿创办自由主义的科学史杂志《爱西斯》。迪昂肯定地认为，他所处时代的自由主义的自由思想家是第一共和国极权主义的雅各宾派的思想体系的产物，他们这帮人是自启蒙运动以来法国社会中信奉异教的最突出的促动者。他对于无神论的马克思主义似乎也持有同样的观点。也许这种基督教观点能解释迪昂反自由主义以及其他政治态度。在迪昂看来，反教权主义的法兰西第三共和国代表着极权主义的民主政体的传统，并受到普选的支持，这便否认了上帝给予基督徒的个人权利。而且，这在平民中助长了庸俗的贪婪和对正派的公民的忌妒，从而违背了基督教的十戒，这必定是激发迪昂反对共和国政体的主要缘由之一。他批判性地审查了极权主义的民主政体，发现它违背了基督教的原则，败坏了普通法国人的尊严，并使他们变得不诚实和贪得无厌。作为信奉异教的结果，平民倾向于运用权利去选举，以此作为掠夺正派基督徒的劳动成果的许可证。迪昂认为，这种掠夺是不道德的、十足的罪恶。这是他反对普选的主要根据。对于基督教民主运动，迪昂也持反对立场，他的教条主义的态度使他看不清这是“换了面孔”的基督教，他只看到这里蕴含着一个内在的逻辑矛盾：极权主义的民主政体与基督教的基本原则格格不入。迪昂也许认为，犹太教作为基督教团体大门内的一种有组织的宗教运动，是对基督教怀有敌意，因为犹太教谴责耶稣是骗子，否认耶稣的神威，把基督教视为骗人的宗教，从而在基督徒中间产生了对基督教的怀疑情绪，这大概是迪昂成为反犹太主义者的原因。要知道，迪昂在学校和他的犹太人同学相处倒是融洽的。

除了对基督教怀有深挚的信仰和对耶稣基督无限崇敬，迪昂从不崇拜或巴结其他人，不管他们的地位多高、官职多大。他讨厌伪君子，从来也不期望怀着敬意和忠诚去拜访那些身处高位的人。即使当他的职业蒙受损失或灾难时，他也要为真理讲话，或者讲出他认为是真理的东西。这正是迪昂一生悲剧的根源。

迪昂性情自尊但不自负，敏感但不虚荣，在任何对抗中都显得刻薄但却无报复心，多虑但不虚伪，自信但不傲慢，有主见但不独断独行。他是一位值得真正的专业人员尊敬的人。可是，迪昂并没有受到尊敬，反而受到法国知识界、官僚机构有影响的一批人十足的忌妒、粗暴的迫害与无理的排斥，这在法国的历史上甚至是前所未有的。这全是因为迪昂深厚的基督教信仰、坚定的政治信念，尤其是他渊博的、使人敬畏的学术才干以及智力上的独立性。而对这一切不公正的自身待遇，迪昂从未抱怨自己的苦闷，也没有私下积极活动争取晋升。他拒绝参与学术界的政治，他是一个原则性甚强的人。

在生涯的后期，迪昂的命运有所好转。其转机在于，年迈的贝特洛良心有所发现，他后悔自己将近 20 年一直对迪昂采取不公正的态度，承认对迪昂的职业排斥负有责任。1900 年，贝特洛改正了先前的错误，投票选举迪昂为法国科学院通讯院士。在贝特洛的支持和帮助下，迪昂首次得到了他早该得到的荣誉。其实，迪昂从来也不是为了名望或荣誉才希望到巴黎致力于他的科学工作的，而是为了追求真理和扩大他的科学影响，这一点甚至连他的对手也承认。

这也是他这位基督徒的另一个显著特点。迪昂从贝特洛的积极行动中看到了贝特洛的悔悟，他立即以宽宏大度的胸怀予以回报，就像贝特洛对他的迫害从未发生过一样。迪昂的行动体现了基督教的所谓上帝之爱。

在这些年间，迪昂被选为几个外国科学院的院士，并接受了两个荣誉学位。但是，他还不是法国科学院的院士，因为在那个时候，它的院士必须在巴黎工作。1908 年，他基于自己的基督教信仰拒绝了荣誉军团的提名，因为他认为，接受由一位他所蔑视的共和党人的签署的这一共和国荣誉称号，对他来说是虚伪的。他也拒绝提名他作为巴黎法兰西学院有威望的科学史教席的候选人，因为他不愿走历史的后门去巴黎。他说，他或者作为一个物理学家去巴黎，或者根本不去。1913 年，当法国科学院要增选六个外地院士时，迪昂被一致拥戴为头六个候选人之一。但是，他却力图撤回他的候选资格，以便使下一个最接近的候选人——一位 90 岁的博物学家，迪昂欣赏他的工作——能在去世前当上法国科学院院士。迪昂再次体现了基督徒的上帝之爱。

迪昂在波尔多整整待了 21 年，直至他去世。自从女儿长大到巴黎上学后，他独自一人在波尔多工作，只有在假期才能与女儿团聚。这时，他和女儿或者在卡布雷斯潘的房舍（这是迪昂从母亲那儿继承来的遗产）里度假，或者和老朋友一起到法国各地徒步旅行，他在旅途中用墨水笔或炭笔画了许多非常优美的速写画。

平时，迪昂是一个彬彬有礼、富有魅力、讨人喜欢的人，有不少亲密的朋友。他的学生也很敬慕他。在待人接物方面，他是诚心诚意的，乐于助人，经常承担一些慈善服务工作。然而，他的信仰和个性又使他得罪了一大批人，失去了许多社会联系。他 40 岁时患上的指痉挛和一生所遭受到的痛苦的胃痉挛，都与他耿直、易怒的个性有关。

迪昂身材矮小，表面看来身体好像还强健，实际上却内虚多病。1913 年，当他被选为法国科学院的外地院士时，这个迟到得多的承认使他极为高兴。他似乎焕发了青春，社会联系明显增加了。他开始对天主教学生会感兴趣，并在第一次世界大战开始后积极参加寡妇和孤儿救济会。

1916 年夏，迪昂和女儿像通常那样到卡布雷斯潘度假，并带有工作、徒步旅行和画速写的计划。9 月 2 日之夜，在相当紧张的行走之后，他的心脏病突然发作了，这种病无疑源于他儿时得过风湿热病。医生诊断他患的是心绞痛，心绞痛的征兆已出现六七年了，但长期以来被误认为是胃痉挛。迪昂顺从医生的劝告，限制了自己的活动。在 9 月 14 日的上午，他感到自己好些了。但是，当他用墨水笔画素描并与女儿谈论战争近况时，他的心绞痛又发作了，几分钟内便离开了人世，终年 55 岁，留下了未完成的手稿《宇宙体系》。他被葬在卡布雷斯潘。这位一生不知疲倦地从事教学、研究、写作和细读中世纪手抄本的伟大学者获得了休息的权利，但却是永远地休息了。

（作者：李醒民）

朱利安·索雷尔·赫胥黎

科学精神与人文精神融合的典范

朱利安·索雷尔·赫胥黎

（Julian Sorell Huxley，1887—1975）

一、早年生涯

朱利安·索雷尔·赫胥黎，1887 年 6 月 22 日出生在英国伦敦罗素广场他姨妈玛丽·奥古斯塔·华德的家中。这幢舒适的房子位于布卢姆斯伯里地区的中心，距离海德公园不过一英里多。当天恰逢英国维多利亚女王登基 50 周年庆典，烟花满天，充满了节日的喜庆。朱利安可谓出身名门，父系一方，其祖父是著名的生物学家托马斯·亨利·赫胥黎，曾任英国皇家学会会长（1883—1885），以“达尔文的斗犬”闻名；父亲伦纳德·赫胥黎曾任《康希尔》杂志编辑，擅长写知识分子传记。母系一方，外曾祖父托马斯·阿诺德是教育改革家、拉格比公学校长；大外公马修·阿诺德是诗人、人文主义者；姨妈玛丽·华德是小说家，笔名汉弗莱夫人；母亲朱莉娅·赫胥黎，创办了女子学校“修道院长之田”并担任校长。此外，胞弟奥尔迪斯·伦纳德·赫胥黎是创作了《美丽新世界》的著名作家；异母弟安德鲁·菲尔丁·赫胥黎是 1963 年度诺贝尔生理学或医学奖获得者，以研究神经传导和肌肉收缩而闻名，曾任剑桥大学三一学院院长，并成为该家族中第二位英国皇家学会会长（1980—1985）。

朱利安童年的大部分时间是在英格兰萨里郡的乡间度过的。自小他就表现出对自然和生物的浓厚兴趣，而这恰恰又得到了父母的鼓励。让他记忆深刻的是 4 岁时见到的一只癞蛤蟆，从此他就深深地迷恋上了各种动植物。有一次，他看到一只漂亮的蜘蛛，连忙招呼母亲过来一同欣赏。也就是在 4 岁时，他提出了“为什么生物都有本性？”这样的问题。看到朱利安如此热爱自然而又喜欢思考，托马斯知道自己的科学事业薪火有传了，欣喜道：“朱利安显然喜爱生物学——我多想亲自来教他！”5 岁那年，在一次家庭聚餐时，托马斯谈到在鱼类中没有父母照顾子女的现象，早慧的朱利安立即插嘴道：“爷爷，那么棘鱼呢？”朱利安还给祖父写过一封信，想了解金斯利小说中的神奇生物“水孩子”。祖父在回信中大胆预言：“同样的事物，有些人看到很多，有些人却看到很少。我敢说，等你长大了，将会是一个伟大的观察者，当其他俗人一无所见时，你却能看见比‘水孩子’更美妙的东西。”

在家庭教师杜小姐的指导下，朱利安 5 岁时开始了初等教育。1897 年，他进入希尔塞德预备学校，这是一所为伊顿公学提供优良生源的学校。父母殷切期望他能取得优异成绩，获得伊顿公学的全额奖学金。而事实上，奖学金的名额是极其有限的，年幼的朱利安在学习上承受着巨大的压力。他开始变得焦虑，出现了精神健康方面的问题。精神疾病（很可能是所谓“抑郁狂躁型忧郁症”，又称“双极情绪失调症”）一直困扰着赫胥黎家族，托马斯和朱利安都深受其折磨。不过，朱利安最终还是顶住了压力，从竞争者中脱颖而出，在第二次入学考试中获得了成功。

1900 年，朱利安来到了伊顿公学，这是一所真正的贵族学校。

有意思的是，托马斯在 20 多年前曾担任过该校的董事，正是在其倡导下，伊顿建起了科学实验室，即保守人士所称的“赫胥黎的笨大楼”。前人栽树，后人乘凉，祖父当年的贡献使得朱利安有机会接受正式的科学教育。在绰号“小猪”的生物学课程导师 M. D. 希尔的影响下，朱利安确立了自己从事生物学的职业规划。朱利安认为希尔是一位真正的好老师，并且一生都感激他。通过阅读埃德蒙·塞卢斯的《鸟类的真实生活》，朱利安相信鸟类研究将是一个大有可为的领域。

朱利安是带着诗歌奖、莎士比亚奖和生物奖三项荣誉从伊顿公学毕业的。他报考了牛津大学巴利奥尔学院动物学系。在入学考试的试卷上，面对“假如你有百万英镑”的作文题，他洋洋洒洒，畅谈自己的理想，提出要买下尽可能多的未被污染的不列颠海岸线加以保护。不难看出，少年时代的朱利安，不仅具有环境保护的意识，还抱着强烈的社会责任感。这次，朱利安又成功了，获得了牛津大学的奖学金。

1906 年秋，朱利安踏进牛津大学这座古老的学府。他发展了对胚胎学和原生动物学的兴趣。就读期间，受到了导师杰弗里·史密斯和实验胚胎学课老师 J. W. 詹金森的影响。他们都是当时生物学界思想前卫的人物。朱利安兴趣爱好广泛，并没有将自己的视野仅仅局限于生物学这一领域。在哈罗德·哈特利的建议下，他开始研究巴斯德的生平，“这令我大开眼界，了解到科学发明的方法——直觉、执着再加上偶尔的幸运”。他还喜欢文学作品，特别是诗歌，对但丁的《神曲》和歌德的《浮士德》赞赏有加。1908 年，也就是从牛津大学毕业那年，他写的一首小诗获得了纽迪盖特诗歌奖。他把奖金用来购买了一台双目显微镜。朱利安还是一位运动健将，登山是他的最爱。在大学里，无山可登，他便在夜深人静时去攀爬大楼和屋顶。

1908年，朱利安带着最高荣誉从牛津大学毕业。这年7月，剑桥大学举办了达尔文百岁诞辰国际会议，而这一年又恰好是《物种起源》发表50周年。看着自己的老祖母应邀坐在主席台上，年轻的朱利安感触颇多，受到了很大的激励。

二、发育生物学与动物行为学研究

牛津毕业后，朱利安远赴意大利，利用那不勒斯海洋生物研究所提供的生物学奖学金，开始了科学研究的生涯。这家全世界最古老的海洋生物研究机构成立于1872年，1874年正式开放。由于地理位置优越，研究设施先进，它吸引了来自世界各地的知名生物学家，其中包括托马斯·亨利·摩尔根。朱利安的祖父托马斯曾在这家研究机构的创办阶段帮助解决过经费困难的问题。朱利安此时的研究方向是个体发育生物学，他选择了海绵作为研究对象。他将海绵分散成单个细胞，然后观察其复原和发育的方式。在随后发表的论文中，有这么一句话颇值得玩味："它们的命运并非是先天注定的，而是它们所接触的位置决定的。"这是科学精神与人文主义结合的萌芽。1910年，朱利安返回牛津大学，担任贝利奥尔学院的讲师，以及动物学和比较解剖学系的实验员。此时他将注意力集中于博物学，特别是鸟类学。他利用假期的空闲，开始系统地观察水禽的求爱仪式，推究其背后的进化机理。1914 年，他在《伦敦动物学会论文集》中发表了关于凤头䴙䴘的论文，这让他一直引以为傲，自认为是鸟类动物行为学研究中的一个里程碑。

朱利安在牛津大学工作的时间并不长，这是由于他对自己的职业前景缺乏信心。从任职的第二年起，他就试图另觅高枝。到了 1912 年，他的人生发生了重大转机，一所新创办的美国大学，德克萨斯州休斯敦的赖斯大学，高薪聘请他参与创办生物学系并担任助理教授，此后他也就顺理成章地成为该系首任系主任。

1912 年 12 月，朱利安来到美国。他发现，祖父在美国依然享有较高的知名度，数十年前那些大获成功的讲座并没有被人遗忘。在约翰·霍普金斯大学初创时期，托马斯曾应邀发表慷慨激昂的演讲。当时一个神父这样评价："请赫胥黎来是大错特错，邀请上帝出席成立大会会好得多。如果把他们一起请来，那将是荒谬绝伦的。"朱利安访问了美国的许多知名大学。在哥伦比亚大学，他参观了著名的摩尔根遗传学实验室"蝇室"。摩尔根那时虽然拥护进化论，但并不相信自然选择学说，他把朱利安看成是一个妄自尊大的年轻人。不过，正是这个年轻人，慧眼识珠，聘请摩尔根手下的研究生赫尔曼·约瑟夫·穆勒担任自己在赖斯大学的助理。后来，穆勒在辐射遗传学上取得巨大成功，获得 1946 年度诺贝尔生理学或医学奖，成为继摩尔根之后首位获得诺贝尔奖的遗传学家。

为了替新工作做好充分的准备，朱利安由赖斯大学资助，赴德国进行访问研究。他先是进入海德堡大学的奥托·瓦尔伯格实验室，随后又来到慕尼黑大学的赫德维希实验室。在研究的同时，朱利安抽空拜访了其他一些学术机构，并参观了柏林动物园。结束德国之行，朱利安回到了英国，这时他在个人情感问题上遭受了重大打击。他与凯瑟琳·福德姆小姐的婚约破裂了，这让他陷入了神经崩溃的境地。在塞里雷盖特一个名叫“隐庐”的疗养院休整了几个月后，朱利安终于恢复了健康。

1913年，朱利安带着从母校伊顿公学招聘的实验室助手约瑟夫·戴维斯再次来到美国。他全身心投入组建赖斯大学生物学系的工作中，从聘任教师、购置图书和仪器，到建设生物标本室，他都严格把关，争取做到最好。朱利安认为，生物学应该是一门完整的学科，而不是拿学分的一些孤立课程。他花费许多时间来设计和教授创新的生物课程，不仅注重科学理论的学习，还强调了大量的实验室和实地教学。与教学、行政工作相平行，朱利安继续从事科学研究，他与穆勒合作研究遗传学，探讨招潮蟹的相对生长问题。他造访了路易斯安那州阿维利岛的鸟类保护区，对保护区的创建者麦克兰尼先生的工作深表赞赏，尤其是对他采用拍摄动物纪录片来说服议会的方式留下了深刻的印象。

1915年，朱利安决定回国为战争服务。这不仅包含着对故乡亲友的思念，更是出于爱国的考虑。朱利安返回英国后，从事的第一项任务是做邮政检查员，学习不留痕迹地拆阅信件。这份工作很快就让他感到厌倦，于是他应征入伍，先是在军需处工作，不久又调到参谋部，最后被派往意大利参谋总部。战争期间，朱利安并没有完全放弃科学研究，即使在宿营的时候，他仍然坚持观察营地周围鸟类的活动。

回国后，朱利安决定辞去赖斯大学的工作，原因如他所述，战时的牛津大学处于半死不活的状态，“在此关键时期，我感到可能我应当回去尽力”，“自从回国以后，我越来越觉得自己是个英国人，而不是一个国际主义者”，“只有作为英国社会——我的社会的一分子，才能为世界做出一定的贡献”。

战争结束后，朱利安返回牛津大学，接替在战争中阵亡的杰弗里·史密斯担任新学院动物学和比较解剖学系的高级实验员。这个时候他开始认真考虑成家立业的问题。战时，他经常造访热情好客的奥托莱恩夫人的嘉辛顿庄园，并爱上了庄园里的瑞士籍女家庭教师朱丽叶特·贝洛特。1919 年 3 月，两人喜结连理。可是，刚从战争的阴影中走出来的朱利安，感觉到战争服务已经让他疏远了生物学的基础知识，并开始怀疑自己的工作能力。他变得越来越沮丧，在第一个学期结束时，再次精神崩溃。新娘朱丽叶特陪他去瑞士看病，经过几个月的休养，才又恢复过来。

在牛津大学任教的岁月，朱利安很好地满足了那些充满求知渴望而急欲忘记战争的学生，让他们投身于思考和学习，从而培养出一批才华横溢的学生，如约翰·贝克、加文·德·比尔、艾里斯德·哈代等。在科学研究方面，朱利安首先拾起了鸟类学研究。他参与组织了一支远赴北极的科学考察队伍。在位于北极圈内格陵兰岛的斯皮兹卑尔根，朱利安与队友们观察鸟类的显耀、护雏等行为，并就鸟类仪式行为的进化起源进行探讨。这些翔实而生动的记录，以及其他的研究成果均收录在 1925 年出版的《斯皮兹卑尔根论文集》中。此外，朱利安围绕生物个体的生长和发育问题继续进行实验室研究，先后就分化、形态发生、荷尔蒙控制的生长和发育，以及基因调控等问题发表了多篇论文。其中最重要的一项研究成果，应该是他就相对生长论提出的一个经验公式，$y=bx^k$。该公式是以蟹的发育为模型建立的，y 代表蟹螯的重量，x 代表除螯以外身体的重量，b 代表一个常数。朱利安将这个经验公式推广应用于其他动物的相对生长研究，取得了较为理想的结果，为相对生长论的发展奠定了基础。此外，朱利安还参与遗传生理学的研究，而在当时，研究基因与环境对生物个体的影响，尚处于萌芽状态。

朱利安第一次成为公众关注的焦点，起因于他在《自然》杂志上发表的一篇关于美西螈的短文。美西螈是一种两栖动物，终其一生均保持幼体状态生活在水中，不用经历变态发育就可以繁殖后代。朱利安的短文描述了他在实验室人工条件下，通过饲喂牛甲状腺而成功诱导了变态发育。这些成年状态的美西螈外鳃和鳍背消退了，能够直接呼吸空气，并从水里转移到岸上生活。朱利安认为，这种现象在几千年前可能在自然界发生过，而正是自己的工作让这一失落了很久的现象得以重现。这一科学研究成果立即吸引了大众报刊的注意，成为报道的热门话题，不过大多都是对事实的曲解和夸张，甚至认为朱利安的研究不亚于发现了“使人长生不老的灵丹妙药”。

在同事们看来，这种混乱的状况对朱利安的学术前途是不利的，会给人留下江湖骗子的印象。当时批评最为激烈的是他的朋友 J. B. S. 霍尔丹。很快，朱利安通过在报刊上登载澄清事实的答辩文章，使这一事件得到了圆满的解决，不仅没有使他的声誉受损，反而巩固了学术地位，还顺便得到了一笔稿费。富有戏剧性的是，J. B. S 霍尔丹在此后几个月内，迅速推出了自己畅想未来生物科学发展状况的作品《代达罗斯，或科学与未来》，其中涉及了基因重组、定向进化、试管婴儿等内容。在此后几年间，朱利安又陆续发表了几篇科普文章，并于1923年出版了一部适合公众阅读的生物学著作《一位生物学家的散文》。

1925年，伦敦大学国王学院以1000英镑的年薪聘请朱利安担任动物学系的系主任。虽然这份薪水打破了当时英国生物学界的记录，第一次达到四位数，却并非朱利安跳槽的主要动因。相比之下，系主任的职务无疑更具有吸引力，因为对他这么一位年轻人来说，如果留在牛津大学，动物学系主任的职位尚遥不可及。不过，朱利安在伦敦大学也没有工作多久，他很快将来到人生新的转折点。1926年，朱利安遇到了赫伯特·乔治·威尔斯，并应邀参与一部百科全书（《生命之科学》）的创作。正是这项艰巨而又富有挑战性的工作，让他走出学院的象牙塔，真正迈入社会。

三、自由探索与动物园管理委员会

威尔斯曾经是托马斯·亨利·赫胥黎的学生，他之所以邀请朱利安参与这项工作，固然与朱利安本人在生物学研究上的造诣有关，但其家世也是很重要的因素。威尔斯此前在《世界史纲》这部恢宏博大的著作上获得了巨大成功，因此在创作《生命之科学》的过程中，对这位年轻的合作者要求极为严格。由于威尔斯的批评，加上撰写工作本身极为烦琐，朱利安不得不做出决断，于1927年辞去了国王学院的工作。这在他的同事们看来，不仅仅是令人惊讶的、轻率的，甚至可以说是错误的。然而，朱利安听从了威尔斯"努力工作，做到最好"的忠告，潜心于《生命之科学》的创作。1930年，这部百科全书式的作品终于完成了，在版税分配上，朱利安获得了五分之二，不难看出朱利安所承担工作的分量。这部作品获得了很大的成功，成为了朱利安科学普及事业的巅峰之作。正如其中译本作者郭沫若所言："这部书在科学知识上的渊博与正确，在文字构成上的流利与巧妙，是从来以大众为对象的科学书籍中所罕见的。"

完成《生命之科学》后，朱利安以自由之身，继续勤奋工作。他虽然已经从国王学院辞职，但却保留了自己的实验室，依然是动物学系的荣誉讲师。此外，他还担任了1927—1931年度英国皇家学院富勒生理学讲座的教授。朱利安这一时期重要的学术专著包括《相对生长的问题》（1932）以及与加文·德·比尔合著的《实验胚胎学要义》（1934）。除学术研究外，朱利安的社会活动日益丰富，从科学逐步向政治延伸。1929年，受英属东非殖民地教育委员会的邀请，朱利安造访了东非的坦桑尼亚（当时是坦噶尼喀和桑给巴尔两地）、肯尼亚和乌干达，并于1931年出版了《非洲之观》一书，对非洲的野生动植物保护和土著居民的教育问题提出了一些建设性的意见。

朱利安在英国国内逐渐赢得了较高的知名度，这从1930年《观察家》杂志读者选出的"英国最聪明的五个人"名单可见一斑。朱利安排在第16位，超过了卢瑟福和罗素。1931年，在伦敦举行的第二届世界科学史大会上，苏联科学家鲍里斯·赫森宣读的一篇论文《牛顿〈原理〉的社会和经济基础》引起了许多英国科学家的兴趣。同年，由苏联国际旅行社组织，朱利安以英国科学工作者联合会主席的身份，携夫人访问苏联，拜访了全苏农业科学院的第一任主席瓦维洛夫。朱利安对苏联大规模的国家计划非常感兴趣。回国后，他参与创立了一个名为“政治与经济计划”的知识分子团体。

朱利安善于充分利用当时已有的传播媒体进行科学文化的宣传，包括电台广播和电影，以及随后诞生的电视。他频繁出现在英国广播公司的节目中，就“科学与社会”这一主题进行了一系列广播演说，并于 1934 年以《科学研究和社会需求》结集出版。在利用电影这一艺术形式方面他也进行了大胆尝试，他担任了 G.B. 教学有限公司的生物学影片总监，以及电影《宇宙演化的故事》的总编。尤其值得一提的是，1934 年，朱利安指导拍摄了一部纪录片《塘鹅的私生活》。这部展现了塘鹅筑巢、进食、炫耀等场景的作品，曾荣获 1937 年度奥斯卡最佳纪录片奖。

1935 年，朱利安就任伦敦动物学会秘书，负责动物园管理委员会的工作。当时他精力相当充沛，将自己的心血倾注到动物园的发展上。他充分利用自己在科学教育和科学普及方面的经验，将自己非凡的才干尽情发挥出来。朱利安给动物园带来了许多新鲜事物，创办宠物角（后来扩展为儿童动物园）、发行《动物园》杂志、建立动物画室等。他还常常亲自举办讲座，给儿童们当解说员。这些改革措施，加上设立公共关系主任、每日举行新闻发布会等宣传策略，使得前来动物园的儿童数量迅速增加。

可是，以理论见长的朱利安，并不完全适应现实的政治生活。在动物园管理委员会任职期间，他与委员们在许多问题上存在矛盾。例如，原来动物园周日不对公众开放，委员及其私人宾客可以免费入园，朱利安建议取消这一特权，并在创办宠物角时征用了委员们的私人草地。因此，委员们常常否决他的建议，这让朱利安觉得他们是在玩弄权术，拒不采纳其合理建议。第二次世界大战爆发后，由于战时管制，加上空袭的威胁，参观动物园的游客人数开始锐减，使得朱利安的规划一再被搁置。战事一开始，朱利安就主动将自己的薪水减为一半，并通过其他渠道获得收入。可是，委员们却认为，朱利安作为一名专职秘书，不应当兼做其他工作。

1942 年，在美国洛克菲勒基金会邀请下，朱利安停薪留职赴美演讲。可是，动物园管理委员会不愿让朱利安离开岗位，认为这是不务正业，矛盾由此激化。赴美后，朱利安在一次演讲中谈及美国参战问题，当时尚未爆发珍珠港事件，故而引起一部分美国人的抵制情绪，消息传回英国，动物园管理委员会对他更加不满。不久，美国参战，朱利安无法买到船票及时回国，超出了所请假期，加上当时动物园内发生一起淹死小男孩的事故，管理委员会趁机将朱利安推下了领导岗位。由于是停薪出访，朱利安认为管理委员会的这种做法是对他的人身攻击，在晚年撰写的《回忆录》里尽显其愤慨之情。

在科学研究方面，这一时期的朱利安放弃了实验室工作，并将注意力转向生物进化理论的研究。受其祖父的影响，朱利安自小就对进化问题感兴趣，之前他研究鸟类的仪式行为，最终目的也是探索这些行为背后的进化起源和自然选择的机制。不过他早年发表的学术论文中直接探讨生物进化的并不多见。这一时期，朱利安开始了对进化生物学的系统研究，主编了《新系统学》（1940），独立撰写了一部专著《进化，现代综合》（1942）。在后一本书中，朱利安将遗传学的最新进展与达尔文的自然选择学说有机结合起来，充分表达了新达尔文主义的观点，成为综合进化论建立过程中的一个重要标志。

从进化论的视角出发，朱利安对优生学产生了浓厚的兴趣，从20世纪20年代起，他一直是英国优生学会的活跃分子。在希特勒上台之前，朱利安与其他许多老套的优生学家一样，相信通过优生学的一些强制性措施，可以从遗传构成上对作为一个物种的人类加以改善。随着纳粹德国种族主义暴行的泛滥，1936年朱利安与剑桥大学的C.A.哈顿合著了《我们欧洲人》。朱利安在该书的序言中明确表述了自己的观点："目前出现的大量伪科学的'人种生物学'是为政治野心、经济目的、社会不满和阶级偏见服务的。本书的目的是收集目前有关人种的主要科学事实，即人类群体的遗传差异，并按已确认的科学原则来介绍这些事实。"此后不久，朱利安担任了英国优生学会的副会长（1937—1944），并在多年以后担任其会长（1959—1962）。

四、高等教育与联合国教科文组织

二战正酣，许多人还在考虑如何打赢这场战争的时候，朱利安就已经开始认真思索战后重建和发展的问题。1944 年，朱利安出版了一部名为《论生活在革命之中》的论文集，其中第一篇论文写于 1942 年。朱利安指出，英国应当重新审视社会问题和价值观念。他认为世界这个大舞台上所发生的一切只有用“革命”一词来形容才是恰当的。当然，他认为这场革命应当以民主的方式进行。在 1945 年英国大选中，战时领袖温斯顿·丘吉尔下台，而工党的艾德礼上台执政，这似乎印证了朱利安的预见。

1944 年，朱利安以英国殖民地高等教育委员会成员的身份前往西部非洲考察，为当地的高等教育提供建议，其中包括创办一所或多所大学的可能性。朱利安认为，以当地基础教育的现状，创办一所大学较为实际，这样能够保证高等教育的质量。不过，后来实践证明，朱利安大大低估了当地人民对高等教育的需求。这次非洲之行让朱利安患上肝炎，当他回国后，又一次精神崩溃了。直到 1945 年，朱利安才又恢复健康，恰好赶上参加俄罗斯科学院成立 220 周年庆典。本来，朱利安对苏联生物学的印象不错，但这次莫斯科之行却让他对苏联遗传学的现状深感震惊。他亲自聆听了李森科的一场报告，确信其所谓“米丘林遗传学”并没有充分的根据和可靠的检验。1949 年，朱利安在英国出版了《苏联遗传学和世界科学——李森科和遗传学的意义》(同年在美国出版，书名为《东西方遗传学》)，探讨“科学研究与政治干预之间的关系”这一棘手的问题。

1945 年，朱利安由俄罗斯返回英国后，参与了联合国教育和文化组织筹备委员会的工作。时任筹委会秘书的阿尔弗雷德·齐默恩先生恰好患病，需要离开好几个月。英国教育部的约翰·莫德爵士邀请朱利安接手这一工作，在他和新任英国教育大臣埃伦·威尔金森的劝说下，朱利安忐忑不安地接受了这一富有挑战性的工作。当时远在中国的英国驻华科学代表团团长李约瑟，得知了这一机构即将成立的消息，希望能将自己设想的国际科学合作组织纳入其中，因此他建议在组织名称中加入“科学”一词。朱利安对此极为赞同，并通过谈话和信函力促各方接受李约瑟这一建议。1945 年 11 月 1 日，在建立该组织的盟国教育部长会议的开幕致辞中，会议主席埃伦·威尔金森以英国代表团的名义提出了加入“科学”的建议。1945 年 11 月 6 日，在包括中国代表胡适在内的各国代表支持下，代表科学的“S”被写入这一个国际机构的名称中，即联合国教育、科学及文化组织。

1946 年 11 月 4 日，联合国教科文组织正式成立，朱利安被任命为第一任总干事。在美国代表团的阻挠下，提供给他的任期只有 2 年，而不是章程规定的 6 年。具体原因尚不明确，但可能与朱利安具有无神论的“科学人文主义”思想有关。在担任筹备委员会秘书及总干事期间，朱利安是一个积极主动、充满活力的实干家。他首先组织起一支精要能干的工作队伍，如任命李约瑟为自然科学部主任；其次，代表联合国教科文组织，拜访全球政治领袖，向他们解释教科文组织的目的、任务和宗旨；最后，就是与各国学术精英保持交往，传播教科文组织的理念，推广其使命。当时联合国教科文组织刚刚成立，并不知名。1947 年，朱利安连续访问南美诸国，力促他们参与当年 11 月在墨西哥召开的联合国教科文组织大会。这次大会上通过了关于基础教育、自然保护等的决议。1948 年，他又遍访中东各国，鼓励他们参加当年的贝鲁特大会。这次大会最重要的成果是成立了一个编写人类科学文化史的专门委员会。

1948 年，61 岁的朱利安任期将满，为了教科文组织的团结与和睦，他没有参与竞争下一届任期。不过他依然关心教科文组织的发展，继续活跃在该机构附属的许多国际委员会中，为自己提出的一些议案而勤奋工作。尤其值得一提的是，1960 年他访问东非，回到伦敦后在《观察家》杂志发表了 3 篇文章，对东非野生动物被大量屠杀的事实进行了揭露。这引起了公众的极大关注。此后，朱利安积极参与了世界自然基金会的创立工作。

到了晚年，朱利安获得了许多荣誉和奖项：因为科学普及方面的工作获得 1953 年度卡林加奖，因为进化理论方面的工作获得 1956 年度英国皇家学会达尔文奖章以及 1958 年度达尔文－华莱士奖章，因为在计划生育上的贡献获得 1959 年度拉斯克奖。1958 年，朱利安受封为爵士。

朱利安一生著作等身，即使不考虑其他方面的成就，他也称得上是一位杰出的散文家。还在伊顿上学的时候，老师 M.D. 希尔就曾因他的文笔之优美而赞叹。到了晚年，朱利安依然笔耕不辍，许多文章高屋建瓴，畅谈宏观问题，就人口、环境、资源等问题展开讨论。他的写作一直延续到他生命的最后阶段，这在他两卷本的《回忆录》中得到了充分的体现。1973 年朱利安不幸中风，以后健康状况欠佳。朱丽叶特尽心照顾他，直到 1975 年 2 月 14 日他去世，那天恰好是情人节。

五、科学人文主义的理论和实践

1859 年，达尔文的《物种起源》问世，借用假说－演绎的方法，进化论将生物学从神学特创论的枷锁中解放出来，成为一门具体的、实证的科学。朱利安的祖父，“达尔文的斗犬”托马斯，立足于达尔文进化论，于 1863 年出版了《人类在自然界的位置》一书，大胆提出人猿同祖的假说，揭示了自然界和人类的统一性。这些科学真理的探索者和捍卫者，为人类认识自我、解放自我奠定了科学的基础。

作为托马斯衣钵的继承者，进化思想始终贯穿在朱利安的论著中。无论是生物学问题，还是更加复杂的人类学和社会学问题，朱利安都坚持以进化原则为标准。这种贯彻是相当彻底的，相比之下，他的祖父，尽管在公众场合是“达尔文的斗犬”，进化学说的坚定捍卫者，可是在自己的解剖学和古生物学实践中，很少提及进化论，而依然采用较早的“原型”概念。进入 20 世纪，科学的发展使得朱利安摆脱了狭隘的机械论和还原论的束缚。他并不是将进化简单地看作自然界的历史过程，与人类的现实发展无关的事情，而是通过引入“文化进化”的概念，将进化原则延伸至人类社会。正是基于文化进化的理念，朱利安逐步形成了自称为“科学的人文主义”（后来改称“进化的人文主义”）的观念体系。

朱利安所谓的“科学的人文主义”，滥觞于一个很偶然的事件。那是在莫雷勋爵的一篇文章里，朱利安看到了这么一句话，“科学的下一个任务就是创立一个人文主义的宗教”。这激励了具有宗教情结（从他母系一方获得）而又厌恶传统基督教教义（从他父系一方获得）的朱利安，他决心投身于这个伟大的任务。

1923 年，朱利安出版了《一位生物学家的散文》，标志着他的“科学的人文主义”思想初步形成。全书的中心论点，就是生物科学可以成为新宗教的基础。赫胥黎认为，“大多数人都和过去一样，对可能性视而不见。他们试图将责任推卸给各种抽象的概念，他们认为，只要将这些概念用大写的字母拼写出来——命运、上帝、法则、不朽的正义等，它们就可以承担他们的责任”。而事实上，人们需要的是一种建设性的观念，因为，“需要建设的不仅仅是一个人的生活，更重要的是社会，以及人类未来的可能”。在《生物以及其他方面的进步》一文中，朱利安谈道，人类在生理层面的进化是客观存在的，但人类已经进入了心理进化阶段，进化主要应该从精神而非肉体的角度加以考虑。在另一篇《宗教与科学：新瓶装旧酒》中，朱利安指出，基于超自然主义的宗教，在人类历史上曾经起到过重要作用，但随着科学的发展，人类理智的增长，传统的宗教已经无法适应时代的需求。如果还想让宗教为现代人服务，那就必须抛弃过时的教条，为创建新宗教铺平道路。

在 1933 年出版的《我大胆所思——现代科学对人类行为和信仰的挑战》（杨丹声译著《科学与行动及信仰》）一书中，朱利安开门见山，指出本想将这本书定名为“科学的人文主义短论”，虽然最终并没有选用这一题名，但“科学的人文主义”确实是那个时代最需要的理论结晶，是现实生活的指导原则。朱利安将科学的人文主义概括为一句话，那就是“取得生活，更丰富地取得生活”。这么简洁的句子，浓缩了朱利安自己的信仰。扩展开来的话，它包含以下含义：1. 价值仅仅来源于“生活”（即人类活动）；2. 人类活动是精神和物质的交互作用；3. 人类活动创造了经验、目的和概念；4. 人类活动应视为一个整体；5. 整体高于其中任何一个部分。

朱利安认为，无论科学、宗教还是艺术等人类活动，其中每一个都具有局限性。他谈道：

> 科学是收集和处理人类对于一切现象之可支配的诸面目的经验的方法。宗教是体验外界宇宙对于人性作为一整个的冲击的方法；宇宙和人性按照它们目前这样的情形，这种体验的方法里总会包含某种神圣性的感觉。艺术是用能传达的形式表现某种已感觉的经验的方法，这种方法内永远包含着最难释明的事物，即美的情感。从融会在一起的共同经验中，每一种各用它自己的特殊方法去选择和相关联。每一种各自告诉你现实的一部分——科学所告诉的多属于现实的永在的面目，那些能够或用思想或由实践去支配的；宗教所告诉的多属于在我们内心的天国；艺术所告诉的则是含在对于价值的个人经验本身内的内心和外界的溶汇。每一种各有其范围和意义的局限，但都可以普遍地应用。

朱利安对科学的局限性有着清醒的认识，他担心当时的科学存在与古代的诺斯替教同样的危险，即自认为是永恒的真理。他相信，在“科学的人文主义”这一框架内，才能确认科学的适当地位，从而避免这一危险。

1945 年，朱利安为联合国教科文组织起草纲领，在两周内写出一本 60 页的小册子《教科文组织的宗旨和理念》。在这本小册子里，朱利安宣称，联合国教科文组织不能依靠宗教教义或任何一个自相矛盾的学术哲学体系。相反，它应该在“科学的人文主义”这一框架指导下开展工作。联合国教科文组织的使命，就是通过鼓励不同国家、不同文化之间的交流，来传播科学思想和人文思想。可是，全世界处于意识形态混乱的状态中，没有一个普遍认可的观念体系。许多保守人士将朱利安“科学的人文主义”攻击为乔装打扮的无神论；朱利安提出的实行计划生育、控制人口增长的建议同时受到罗马天主教会和苏联共产党的抨击；右翼人士却将朱利安指责为共产主义者！最终联合国教科文组织筹备委员会决定不批准他的这份文件。

离开联合国教科文组织后，朱利安看到当时各种意识形态之间的冲突，大量知识被弃置不用，于是他与一些朋友和同事试图通过充分挖掘人类知识的宝库，以及发挥各自的主观能动性来建构一个“思想和信念的体系”，这个体系立足于现实，而又着眼于未来，它将为人类的发展提供一个“最终的或理想的目标”。他们的研究成果体现在由朱利安主编、1962 年出版的《人道主义的结构》一书中。朱利安对这一成果很满意，觉得“它能沟通查尔斯·斯诺爵士所谓‘两种文化’之间的鸿沟，并能愈合意识形态的冷战中双方之间的分裂。……由于它的启发，人的较高活动，包括科学活动、艺术活动和宗教活动都显得不是孤立的实体，而是我们进化的人类的相互衔接的机能”。

赫尔曼·约瑟夫·穆勒指出：“如果没有朱利安爵士的健全领导，现代思想上被斯诺恰当地叫做‘两种文化’的危机或许会更加加深人们思想上的分裂，把他们划分成两个不可调和的集团：一部分人只偏爱他们所认为的科学，另一部分人只赞成他们所认为的人道主义观。这种文化上的分裂产生了一种不负责任的状态。”朱利安“以自己的杰出榜样表现了一个人是可以完整地把科学家对事物的规律和意义的理解同人道主义者对人类精神和它对知觉力、美、价值以及自我表现的努力的评价结合在一个人的身上的。”

贝尔纳曾这样评价：“事实上朱利安·赫胥黎和利维教授等人的谈话说明他们对社会的理解比任何其他科学讲演人都深刻得多。”刘钝认为，朱利安是“科学的公仆，他是贝尔纳主义的信徒和伟大实践者。他的终身信念是用自己的知识为人类服务”。

姆博盛赞“朱利安·赫胥黎就是科学家的典范”，“人类的一切对他来说均不陌生”，“赫胥黎将科学与知识视为人类强盛的工具，但是这种强盛工具不应是盲目和破坏性的，而应是有益的和能起解放作用的。所以，他使教科文组织认识到世界应以人为中心（我认为是赫胥黎的人道主义所致），并且把教育、科学及文化有机地联系起来，为实现福利、和平与正义的理想服务”。

张申府对朱利安进化的人文主义的观点极为赞同。他指出，朱利安的观点包括以下几方面：“宇宙中确有进步，而人类应当负起推进进步的完全责任。个体的发展就是人类进步的最后准绳。发展了的个人是宇宙过程的最高产品。只是个人只有在有组织的社会里才能圆满地或自由地发展。他更认为价值与科学，道德与科学，或人生观与科学，应该结合，也可以结合；照科学已做的进步，价值（如善，美，真）在原则上是绝对的与在实践上是相对的，也可以融合。”据此，他发出了“凡此大意，都可说实获我心”的感慨。

当然，学者中间也有许多的反对意见。例如，詹腓力就将进化的人文主义视为“向伪科学的坠落”，他是这样评价的：“赫胥黎的宗教，即‘进化人文主义’向人类提供‘神圣责任’及‘光荣机会’，促进进化过程在地球上达到最大的成就。”他还指出，朱利安的理念与另一位伟大的人文主义者，约翰·杜威是类似的，“反映了当时科学自然主义者的假设，即有神宗教被淘汰之后，会引进人类社会的合作及科学进步的新时代”。在分析了赫胥黎在芝加哥庆祝《物种起源》出版 100 周年纪念庆典上的讲稿之后，詹腓力认为，“赫胥黎将‘进化’作为含糊之词加以运用”，通过波普尔式的证伪，恰恰可以将其判断为伪科学。

朱利安的这份讲稿还引起了巴伯的关注，他指出：“赫胥黎不是作为一个生物学家而是作为一个新世界观的鼓吹者在发言；由于他似乎要使他个人的哲学观点具有他所出席的科学集会的权威，因而既受到生物学家，也受到宗教领袖的批判。”巴伯一针见血：“赫胥黎从生物学中寻找指导社会和政治变化的启发的企图招来了无休止的批评。”他进一步引用了图尔明的话：“今天，宇宙潮流是朝着哪个方向的呢？我应当赶上这个潮流还是制止这个潮流呢？”根据图尔明的观点，朱利安是“把科学术语用于非科学的目的”，“在这个问题上，一个‘下了班’的科学家并不具有权威性”。

在我眼中，朱利安是一位出色的科学人和人文主义者，却并非一位严格意义上的科学哲学家或科学社会学家。我愿将他归为哲人科学家之列，他确实是一位思想深邃的哲人，同时又是一位满怀热情的理想主义者。他是维多利亚时代科学乐观主义传统的继承者，深信科学知识能够用来改善人类生存条件，科学理论能够与其他文化形式，包括宗教与艺术联系起来。这其中具有强烈的救世情结，充满了绝对论的色彩。设计一个“放之全体人类社会而皆准”的观念体系，这本不应该出自一位哲人科学家的思想，因为一旦从主观理念出发，就容易丢掉谦虚和谨慎，煞费苦心构建的却很有可能就是沙滩上的房子。恩格斯曾这样批判过：“路德维希·安德列亚斯·费尔巴哈的道德论是和他的一切前驱者一样的。它适用于一切时代、一切民族、一切情况；正因为如此，它在任何时候和任何地方都是不适用的，而在现实世界面前，是和康德的绝对命令一样软弱无力的。”

当然，经历过两次世界大战，又亲身体验了冷战的朱利安，其思想也是不断发展、演变的。可以说，他将毕生的精力，奉献给了一个伟大的理想。这种终其一生不懈探索的精神，确实值得我们学习和借鉴。

（作者：游清徽）

参考资料

—— * ——

昂利·彭加勒　杰出的科学开拓者和敏锐的思想家

[1] H. Poincaré. The Foundations of Science [M]. Authorized Translation by G. B. Halsted, The Science Press, New York and Carrison, N. Y., 1913.

[2] H. Poincaré. Mathematics and Science: Last Essays [M]. Translated by John W. Bolduc, Dover Publications, Inc., New York, 1963.

[3] ポアンカレ(Poincaré):科学者と詩人[M]. 平林初之輔訳, 岩波書店, 1927.

[4] E. T. Bell. Men of Mathematics [M]. Dover Publications, 1937.

[5] 本多修郎. 現代物理学者の生と哲学[M]. 未来社, 1981.

奥斯特瓦尔德　科学家、思想家、实践家

[1] W. Ostwald. オストワルド自伝[M]. 都築洋次郎訳, 東京図書株式会社, 1979.

[2] 本多修郎. 現代物理学者の生と哲学[M]. 未来社, 1981.

[3] W. D. Bancroft. Wilhelm Oatwald: The Great Protagonist [J]. Journal of Chemical Education, 1933.

[4] F. G. Donnan. Ostwald Memorical Lecture [J]. Journal of the Chemical Society, 1933.

罗素　当代的大思想家

[1] 罗素. 罗素自传[M]. 陈启伟, 等译. 商务印书馆, 2006.

[2] 克拉克. 罗素传[M]. 世界知识出版社,1998.

[3] A. J. 艾尔. 罗素[M]. University Of Chicago Press, 1988.

恩斯特·马赫　科学家、科学史家和科学哲学家

[1] Ernst Mach. The Sicence of Mechnics [J]. English trans. The Open Count Publishing Co,1960.

[2] 马赫. 感觉的分析[M]. 洪谦,等译. 商务印书馆,1975.

[3] Ernst Mach. Conservation of Energy [M]. English trans. The Open Publishing Co. ,1911.

[4] John T. Blackmore: Ernst Mach [J]. Univ. of California Press,1972.

[5] 弗·赫奈克. 马赫自传遗稿评介[J]. 外国哲学资料:第五辑,商务印书馆,1980.

卡尔·皮尔逊　著名科学家和自由思想家

[1] Karl Pearson. The Grammar of Science [M]. Cambridge University Press, 2014.

[2] E. S. Pearson. Karl Pearson: An Appreciation of Some Aspects of His Life and Work [M]. At the University Press,1938.

罗吉尔·培根　新时代最早的科学思想家

[1] 凡皮尔. 科学史[M]. 商务印书馆,1975.

[2] 特拉赫坦贝尔. 西欧中世纪哲学史纲[M]. 中国对外翻译出版公司, 1985.

[3] 北京大学哲学系外国哲学史教研室. 西方哲学原著选读:上卷[M]. 商务印书馆,1981.

[4] 梅森. 自然科学史[M]. 上海人民出版社,1977.

[5] 罗素. 西方哲学史:上卷[M]. 商务印书馆,1963.

[6] 普列汉诺夫. 论个人在历史上的作用[M]. 人民出版社,2010.
[7] 卡尔 · 海因里希 · 马克思,弗因德里希 · 冯 · 恩格斯. 马克思恩格斯文库:第八卷[M]. 苏联国家政治书籍出版社,1982.

皮埃尔 · 迪昂　科学家、科学史家和科学哲学家

[1] P. Duhem. The Evolution of Mechanics [M]. Translated by Michael Cole, Sijthoff & Noordhoff, Maryland U. S. A. , 1980.
[2] P. Duhem. The Aim and Structure of Physical Theory [M]. Translated by Philip P. Wiener. Princeton University Press, U. S. A. , 1954.
[3] Donald G. Miller. Ignored Intellect Pirrer Duhem [J]. Physics Today, 1966.

朱利安 · 索雷尔 · 赫胥黎　科学精神与人文精神融合的典范

[1] J. S. Huxley. Memories [M]. New York: Harper & Row, 1970.
[2] 德纳拉诸. 科学人文主义先锋——赫胥黎[M]. 明报出版社,1995.
[3] [美] 伊恩 · 夏因, 西尔维亚 · 罗伯尔. 遗传学的先驱摩尔根评传[M]. 商务印书馆,1993.
[4] C. Kenneth Waters, and Albert Van Helden, (eds). Julian Huxley: Biologist and Statesman of Science [M]. Rice University Press, 1992.
[5] 韦尔斯等. 生命之科学:上 [M]. 广西师范大学出版社, 2003.
[6] Julian Huxley. Essays of a Biologist [M]. Chatto & Windus, 1923.
[7] J. Huxley. 科学与行动及信仰[M]. 杨丹声,译, 商务印书馆, 1935 .
[8] 余翔林. 科学的前沿[M]. 科学出版社, 2003.
[9] 姆博. 人民的时代[M]. 郭春林, 蔡荣生,译, 中国对外翻译出版公司, 1986.
[10] 张申府. 张申府文集:第四卷 [M]. 河北人民出版社, 2005.

人名对照表

（按外文姓氏的首字母排序）

A

阿贝尔—— N. Abel

阿克莱特——J. Ackeret

弗里德里希·阿德勒——Friedrich Adler

维克多·阿德勒——Viktor Adler

比埃尔·达·阿里——Pierre D' Ailly

托马斯·阿奎那——Thomas Aquinas

马修·阿诺德——Matthew Arnold

托马斯·阿诺德——Thomas Arnold

阿雷纽斯——Svante Arrhenius

阿斯科利——Ascoli

奥托林——Autorin

阿维森纳——Avicenna

阿佛伽德罗—— Amedeo Avogadro

B

罗吉尔·培根——Roger Bacon

巴伯——Barber

班克罗夫特——W. D. Bancroft

贝特森——W.Bateson

鲍埃尔——Otte Bauerl

奥古斯特·倍倍尔——August Bebel

贝克曼——Ernst Beckmann

加文·德·比尔——Gavin de Beer

约翰·贝克——Johan Bekker

边沁——Jeremy Bentham

贝特洛——M. Berthelot

比布尔——Bibl

比内——A.Binet

伯克霍夫——G.D. Birkhoff

朵拉·布莱克——Dora Black

巴隆·布莱顿——Balon Blyton

玻尔兹曼——Ludwig Boltzmann

勒邦——G. Le Bon

博纳文图拉——Bonaventura

布尔——Boole

布莱德雷——Francis Herbert Bradley

布拉德肖——H. Bradshaw

托马斯·布雷德沃丁

——Thomas Bradwardine

德布罗伊

——Louis Victor · Duc de Broglie

布朗宁——Robert Browning

让・比里当——Jean Buridan

C

斯塔尼斯劳・坎尼扎罗
——Stanislo Canizzaro

康托——Cantor

帕特里克・卡普雷塔
——Patrick J. Capretta

卡尔纳普——Carnap

卡内基——Carnegie

凯莱——A. Cayley

张伯伦——Arthur Neville Chamberlain

勒・夏特利耶——Le Châtelier

蔡尔德——M. V. Child

西塞罗——Cicero

克莱劳——A. Clairaut

克拉克——Ronald W. Clark

克莱芒——Clement

克利福德——W.K.Clifford

库辛——Victór Cousin

克兰兹——Garl Cranz

德蒙・塞卢斯——Demon Cyrus

D

丹皮尔——W.C.Dampier

达布——C. Darboux

乔治・达尔文——George Darwin

达文波特——C. B. Davenport

约瑟夫・戴维斯——Joseph Davis

约翰・杜威——John Dewey

迪迪埃——Didier

狄慈根——Josef Dietzgen

唐南——F. G. Donnan

多普勒——Christian Doppler

皮埃尔・莫里斯・玛丽・迪昂
——Pirre Maurice Marie Duhem

E

伊迪丝——Edith

冯・埃伦费尔斯
——Christan Von Ehrenfels

英格迈尔
——Peter Klementich Von Engelmeyer

F

费希纳——G. H. Fechner

路德维希・安德列亚斯・费尔巴哈
—— Ludwig Andreas Feuerbach

菲隆——L. N. G. Filon

费希尔——R. A. Fisher

凯瑟琳・福德姆——Katherine Fodham

菲利普・弗兰克——Philipp Frank

弗雷格

——Friedrich Ludwig Gottlob Frege

西格蒙德·弗洛伊德——Sigmund Freud

富克斯——L. Fuchs

G

高尔顿——F. Galton

高斯——C. F. Gauss

威廉·耶路撒冷——Wilhelm Gerusaleme

吉布斯——Josiah Willard Gibbs

哥德尔——Kurt Gödel

高尔基——Maxim Gorky

罗伯特·格罗斯泰特

——Robert Grosseteste

格罗斯曼——Marcel Grossmann

古德贝格——C. M. Guldberg

H

海克尔——Ernst Haeckel

霍尔丹——J. B. S. Haldane

哈罗德·哈特利——Harold Hartley

格奥尔格·威廉·弗里德里希·黑格尔

——Georg Wilhelm Friedrich Hegel

黑尔姆——Geor Helm

亥姆霍兹——Hermann Von Helmholtz

赫尔巴特——Johann Herbart

伊曼纽尔·赫尔曼

——Emmanuel Hermann

埃尔米特——C. Hermite

鲍里斯·赫森

——Boris Mikhailovich Hessen

希尔伯特——Divid Hilbert

范霍夫——Jacobus He Nricus Varrt Hoff

霍尔顿——Gerald Holton

托马斯·亨利·赫胥黎

——Thomas Henry Huxley

奥尔迪斯·伦纳德·赫胥黎

——Aldous Leonard Huxley

安德鲁·菲尔丁·赫胥黎

——Andrew Fielding Huxley

朱利安·索雷尔·赫胥黎

——Julian Sorell Huxley

I

英诺森——Innocent

爱奥尼亚——Ionia

J

杰克逊——Jackson

雅可毕——G. J. Jacobi

威廉·詹姆斯——William James

焦曼——Jauman

金斯——J. Jeans
杰斐逊——Jefferson
詹金森——Jenkinson
保罗·詹森——Paul Jensen
圣哲罗姆——St Jerome

K

伊曼努尔·康德——Immanuel Kant
开尔文——Kelvin
凯恩斯——John Maynard Keynes
金斯利——Charles Kingsley
克莱因——Filix Klein
柯耳劳希—— F. W. Kohlrausch
柯尔贝——Hermann Kolbe
克隆尼克——L. Kronecker
库尔克——Eduard Kulke
库默——E. Kummer

L

让·巴蒂斯特·拉马克
——Jean–Baptiste Lamarck
约瑟芬·兰豪斯——Josephine Lanhau
勒克莱尔——Anton Leclair
莱布尼茨——Gottfried Wilhelm Leibniz
列希维奇——V. V. Lesevichi
利希滕贝格——Georg Lichtenbeg
威廉·李卜克内西
——Wilhelm Liebknecht
李波斯——Theodor Lipps
洛夫——Love
吕威——Heimrich Löwy
李亚普诺夫——A. M. Lyapunov
约瑟夫·波珀－林扣斯
——Josef Popper–Lynkeus

M

恩斯特·马赫——Ernst Mach
海因里希·马赫——Heinrich Mach
约翰·约瑟夫·马赫
——Johann Josef Mach
约翰·尼波穆克·马赫
——Johann Nepomuk Mach
路德维希·马赫——Ludwig Mach
迈蒙尼德——M. Maimonides
马尔萨斯——Thomas Robert Malthus
亚当·马什——Adam Marsh
卢多维卡·马露西
——Ludovica Marussig
约翰·莫德爵士——Sir John Maude
迈耳逊——Louis Melsens
约翰·斯图亚特·穆勒
——John Stuart Mill
闵可夫斯基——H.Minkowski

乔治·爱德华·穆尔
——George Edward Moore
摩尔根——Lloyd Morgan
托马斯·亨利·摩尔根
——Thomas Henry Morgan
穆蒂尔——J. Moutier
赫尔曼·约瑟夫·穆勒
——Hermann Joseph Muller

N

能斯特——W. Nernst
弗兰兹·诺伊曼——Franz Neumann
纽拉特——Otto Neurath

O

厄廷根——A.von Oettingen
尼古拉斯·奥雷姆——Nicholas Oresme
奥斯特瓦尔德——Wilhelm Ostwald

P

保罗·潘勒韦——Paul Painlevé
巴拉塞尔苏士——Paracelsus
巴斯德——Pasteur
皮亚诺——Giuseppe Peano
卡尔·皮尔逊——Karl Pearson
彼得楚尔特——Josef Petzoldt
皮克——G.Pick
安托万·彭加勒——Antoine Poincaré
朱尔·昂利·彭加勒
——Jules Henri Poincaré
莱昂·彭加勒——Léon Poincaré
吕西安·彭加勒——Lucien Poincaré
雷蒙·彭加勒——Raymond Poincaré

R

古斯塔夫·赖黑尔——Gustav Reyher
海莲内·冯·赖黑尔
——Helene von Reyher
杜布瓦·雷蒙
——Emil du Bois–Reymond
洛克菲勒——Rockefeller
劳思——E. J. Routh
罗素——Bertrand Arthur William Russell

S

乔治·萨顿——George Sarton
阿尔伯特——Albert of Saxony
施密特——Karl Schmidt
施罗德——Schroder
塞内加——Seneca
玛丽亚·夏普——Maria Sharpe

杰弗里·史密斯——Jeffrey Smith

斯涅尔——Karl Snell

查尔斯·斯诺——Sir Charles Snow

斯通夫——Karl Stumpf

西勒维斯特——J. J. Sylvester

T

泰特——P. C. Tait

伊本·阿尔海赛姆

——Ibn–al–Haitham

蒂勒——Joachirn Thiele

威廉·托比亚斯——Wilhelm Tobias

托德亨特——I.Todhunter

图尔明——Toulmin

V

符邦——Vauban

凡尔纳——Verne

勒维烈——U. Le Verrier

W

瓦格——P. Waage

瓦格内尔——Julius Wagner

韦伯——E. H.Weber

维尔斯特拉

——Karl Theodor Wilhelm Weierstrass

温伯格——Carlton Bereda Weinberg

赫伯特·乔治·威尔斯

——Herbert George Wells

阿弗烈·诺夫·怀特海

——Alfred North Whitehead

埃伦·威尔金森——Ellen Wilkinson

温德——C. H. Wind

维帖洛——Witelo

维特根斯坦——L. Wittgenstein